Smaksrike Asia

Utforsk Mangfoldet med Autentiske Oppskrifter fra Det Asiatiske Kjøkken

Lin Chen

Innhold

Søt og sur karpe 10
Karpe med tofu 12
Mandelfiskruller 14
Torsk med bambusskudd 16
Fisk med bønnespirer 18
Fiskefileter i brun saus 19
Kinesiske fiskekaker 20
Sprøstekt fisk 21
Frityrstekt torsk 22
Fem krydderfisk 23
Duftende fiskepinner 24
Fisk med agurk 25
Torsk krydret med ingefær 26
Torsk med mandarinsaus 28
Fisk med ananas 30
Fiskeruller med svinekjøtt 32
Fisk i risvin 34
Hurtigstekt fisk 35
Sesamfrø fisk 36
Dampet fiskeboller 37
Marinert søt og sur fisk 38
Fisk med eddiksaus 39
Frityrstekt ål 41
Tørket ål 42
Ål med selleri 44
Paprika fylt med hyse 45
Hyse i svart bønnesaus 46
Fisk i brun saus 47
Fem krydderfisk 48
Hyse med hvitløk 49
Fisk med varme krydder 50
Ginger Haddock med Pak Soi 52

Hysefletter 54
Dampet fiskeruller 55
Kveite med tomatsaus 57
Monkfish med brokkoli 58
Multe med tykk soyasaus 60
Lääne innsjø fisk 61
Stekt sjømat 62
Dampet sjømat med kinesisk sopp 63
Havabbor med hvitløk 64
Havabbor med ananassaus 65
Laks med tofu 67
Stekt marinert fisk 68
Ørret med gulrøtter 69
Frityrstekt ørret 70
Ørret med sitronsaus 71
kinesisk tunfisk 73
Marinerte fiskesteker 75
Reker med mandler 76
Anis reker 77
Reker med asparges 78
Reker med bacon 79
Rekekuler 80
Grillede reker 82
Reker med bambusskudd 83
Reker med bønnespirer 84
Reker med svart bønnesaus 85
Reker med selleri 86
Friterte reker med kylling 87
Chili reker 88
Reker Chop Suey 89
Reker Chow Mein 90
Reker med squash og litchi 91
Reker med krabbe 93
Reker med agurk 95
Reke karri 96
Reker og soppkarri 97

Stekte reker ... 98
Stekt røre reker ... 99
Rekeboller med tomatsaus ... 100
Reker og eggekopper ... 102
Eggruller med reker ... 103
Reker i Fjernøsten-stil ... 105
Reker Foo Yung ... 107
Reker Frites ... 108
Stekte reker i saus ... 110
Posjerte reker med skinke og tofu ... 112
Reker i hummersaus ... 113
Marinert abalone ... 115
Braiserte bambusskudd ... 116
Kylling med agurk ... 117
Kylling Sesam ... 118
Litchi med ingefær ... 119
Kyllingvinger kokte røde ... 120
Krabbekjøtt med agurk ... 121
Marinert sopp ... 122
Marinert hvitløkssopp ... 123
Reker og blomkål ... 124
Sesamskinkepinner ... 125
Kald tofu ... 126
Kylling med bacon ... 127
Kylling og banan frites ... 128
Kylling med ingefær og sopp ... 129
Kylling og skinke ... 131
Grillet kyllinglever ... 132
Krabbekuler med vannkastanjer ... 133
Dim Sum ... 134
Skinke og kyllingruller ... 135
Bakt skinke omsetninger ... 137
Pseudo røkt fisk ... 138
Fylte sopp ... 140
Østerssaus sopp ... 141
Svinekjøtt og salatruller ... 142

Svinekjøtt og kastanjekjøttboller 144
Svineboller 145
Rissoles av svin og kalvekjøtt 146
Sommerfugl reker 147
Kinesiske reker 148
Rekekjeks 149
Sprø reker 150
Reker med ingefærsaus 151
Reker og nudleruller 152
Reke Toasts 154
Svinekjøtt og reker wontons med sursøt saus 155
Kylling buljong 157
Bønne- og svinesuppe 158
Abalone og soppsuppe 159
Kylling og aspargessuppe 161
Biffsuppe 162
Oksekjøtt og kinesisk bladsuppe 163
Kålsuppe 164
Krydret biffsuppe 165
Himmelsk suppe 167
Kylling og bambusskuddsuppe 168
Kylling og maissuppe 169
Kylling og ingefærsuppe 170
Kyllingsuppe med kinesisk sopp 171
Kylling og rissuppe 172
Kylling og kokossuppe 173
Skalldyrsuppe 174
Eggesuppe 175
Krabbe og kamskjellsuppe 176
Krabbesuppe 178
Fiske suppe 179
Fisk og salatsuppe 180
Ingefærsuppe med dumplings 182
Sterk og sur suppe 183
Soppsuppe 184
Sopp og kålsuppe 185

Sopp- og eggedråpesuppe 186
Sopp- og vannkastanjesuppe 187
Svinekjøtt og soppsuppe 188
Svinekjøtt og brønnkarse suppe 189
Svinekjøtt og agurksuppe 190
Suppe med svineboller og nudler 191
Spinat og tofu suppe 192
Suppe av sukkermais og krabbe 193
Szechuan suppe 194
Tofu suppe 196
Tofu og fiskesuppe 197
Tomatsuppe 198
Tomat og spinatsuppe 199
Kålrotsuppe 200
Grønnsakssuppe 201
Vegetarsuppe 202
Brønnkarse suppe 203
Stekt fisk med grønnsaker 204
Bakt hel fisk 206
Stuet soyafisk 207
Soyafisk med østerssaus 208
Dampet bass 210
Stuet fisk med sopp 211
Søt og sur fisk 213
Fisk fylt med svinekjøtt 215
Stuet krydret karpe 217

Søt og sur karpe

Serverer 4

1 stor karpe eller lignende fisk
300 g/11 oz/¬æ kopp maismel (maisstivelse)
250 ml / 8 fl oz / 1 kopp vegetabilsk olje
30 ml/2 ss soyasaus
5 ml / 1 ts salt
150 g/5 oz hopende ¬Ω kopp sukker
75 ml/5 ss vineddik
15 ml/1 ss risvin eller tørr sherry
3 vårløk (løk), finhakket
1 skive ingefærrot, finhakket
250 ml/8 fl oz/1 kopp kokende vann

Rens og skrell fisken og bløtlegg i kaldt vann i flere timer. Tørk av og tørk, skjær deretter flere kutt på begge sider. Reserver 30 ml/2 ss maismel og bland gradvis nok vann inn i det resterende maismelet til å lage en stiv deig. Ha fisken i røren. Varm oljen veldig varm og stek fisken til den er sprø utenpå, skru deretter ned varmen og fortsett å steke til fisken er mør. I mellomtiden blander du sammen resten av maismelet, soyasaus, salt, sukker, vineddik, vin eller sherry, løk og ingefær. Når fisken er stekt, legg den over på en varm serveringsfat. Tilsett sausblandingen og vann til oljen og varm opp, rør godt, til sausen tykner. Hell over fisken og server umiddelbart.

Karpe med tofu

Serverer 4

1 karpe

60 ml/4 ss peanøttolje

225 g/8 oz tofu, i terninger

2 vårløk (løk), finhakket

1 fedd hvitløk, finhakket

2 skiver ingefærrot, finhakket

15 ml/1 ss chilisaus

30 ml/2 ss soyasaus

500 ml/16 fl oz/2 kopper kraft

30 ml/2 ss risvin eller tørr sherry

15 ml/1 ss maismel (maisstivelse)

30 ml/2 ss vann

Trim, skaler og rengjør fisken og klipp tre diagonale linjer på hver side. Varm opp oljen og stek tofuen forsiktig til den er gyldenbrun. Fjern fra pannen og renn godt av. Tilsett fisken i pannen og stek til den er gyldenbrun, ta deretter ut av pannen. Hell av alt unntatt 15 ml/1 ss olje, og rør deretter løken, hvitløken og ingefæren i 30 sekunder. Tilsett chilisaus, soyasaus, kraft og vin og kok opp. Tilsett fisken forsiktig i pannen sammen tofu og la det småkoke uten lokk i ca 10 minutter, til fisken er kokt og sausen har redusert. Ha fisken over på et oppvarmet serveringsfat og hell tofuen på toppen. Bland maismel og vann til en pasta, rør inn i sausen og la det småkoke under omrøring til sausen tykner litt. Hell over fisken og server med en gang.

Mandelfiskruller

Serverer 4

100 g/4 oz/1 kopp mandler

450g/1lb torskefileter

4 skiver røkt skinke

1 løk (løk), hakket

1 skive ingefærrot, hakket

5 ml/1 ts maismel (maisstivelse)

5 ml/1 ts sukker

2,5 ml/¬Ω teskje salt

15 ml/1 ss soyasaus

15 ml/1 ss risvin eller tørr sherry

1 egg, litt pisket

olje til steking

1 sitron, kuttet i skiver

Blancher mandlene i kokende vann i 5 minutter, la dem renne av og hakk dem. Skjær fisken i 9 cm/3¬Ω firkanter og skinken i 5 cm/2 firkanter. Bland vårløk, ingefær, maismel, sukker, salt, soyasaus, vin eller sherry og egg. Dypp fisken i blandingen og legg fisken på arbeidsflaten. Dekk med mandler og legg en skinkeskive på toppen. Rull sammen fisken og knyt sammen med kokken, Varm oljen og stek fiskerullene i noen minutter til de er gyldenbrune. Hell av på kjøkkenpapir og server med sitron.

Torsk med bambusskudd

Serverer 4

4 tørkede kinesiske sopp
900g/2lb torskefileter, i terninger
30 ml/2 ss maismel (maisstivelse)
olje til steking
30 ml/2 ss peanøttolje
1 løk (løk), i skiver
1 skive ingefærrot, hakket
salt
100g/4oz bambusskudd, i skiver
120 ml/4 fl oz/¬Ω kopp fiskekraft
15 ml/1 ss soyasaus
45 ml/3 ss vann

Bløtlegg soppen i varmt vann i 30 minutter og la den renne av. Kast stilkene og skjær hettene i skiver. Støv med halvparten av fisken maismel. Varm oljen og stek fisken til den er gyldenbrun. Hell av på tørkepapir og hold varmt.

Varm samtidig opp oljen og stek løkløk, ingefær og salt til de er lett brune. Tilsett bambusskuddene og stek i 3 minutter. Tilsett kraft og soyasaus, kok opp og la det småkoke i 3 minutter. Bland resten av maismelet med vann til en pasta, tilsett i kjelen og la det småkoke under omrøring til sausen tykner. Hell over fisken og server med en gang.

Fisk med bønnespirer

Serverer 4

450 g / 1 lb bønner

45 ml/3 ss peanøttolje

5 ml / 1 ts salt

3 skiver ingefærrot, hakket

450g/1lb fiskefileter i skiver

4 løkløk (skålløk), i skiver

15 ml/1 ss soyasaus

60 ml/4 ss fiskekraft

10 ml/2 ts maismel (maisstivelse)

15 ml / 1 ss vann

Blancher bønnene i kokende vann i 4 minutter, og la dem renne godt av. Varm opp halvparten av oljen og stek i salt og ingefær i 1 minutt. Tilsett fisken og stek til den er lett brun, ta deretter ut av pannen. Varm opp den resterende oljen og stek løken i 1 minutt. Tilsett soyasaus og kraft og kok opp. Ha fisken tilbake i pannen, dekk til og la det småkoke i 2 minutter til fisken er kokt. Bland maismel og vann til en pasta, tilsett i kjelen og la det småkoke under omrøring til sausen klarner og tykner.

Fiskefileter i brun saus

Serverer 4

450g/1lb torskefileter, tykke skiver

30 ml/2 ss risvin eller tørr sherry

30 ml/2 ss soyasaus

3 vårløk (løk), finhakket

1 skive ingefærrot, finhakket

5 ml / 1 ts salt

5 ml/1 ts sesamolje

30 ml/2 ss maismel (maisstivelse)

3 egg, pisket

90 ml/6 ss peanøttolje

90 ml/6 ss fiskekraft

Legg fiskefiletene i en bolle. Bland sammen vin eller sherry, soyasaus, løkløk, ingefær, salt og sesamolje, hell over fisken, dekk til med lokk og la marinere i 30 minutter. Fjern fisken fra marinaden og legg i maismel, og dypp deretter i det sammenpiskede egget. Varm oljen og stek fisken til den er gyldenbrun på utsiden. Hell av oljen og rør inn buljongen og resten av marinaden. Kok opp og la det småkoke på svak varme i ca 5 minutter til fisken er kokt.

Kinesiske fiskekaker

Serverer 4

450g/1lb hakket (kvernet) torsk

2 vårløk (løk), finhakket

1 fedd hvitløk, knust

5 ml / 1 ts salt

5 ml/1 ts sukker

5 ml/1 ts soyasaus

45 ml/3 ss vegetabilsk olje

15 ml/1 ss maismel (maisstivelse)

Bland sammen torsk, vårløk, hvitløk, salt, sukker, soyasaus og 10 ml/2 ts olje. Elt godt, dryss over litt maisenna av og til, til blandingen er myk og elastisk. Form 4 fiskekaker. Varm oljen og stek fiskekakene i ca 10 minutter til de er gyldne, flat dem ut mens de steker. Serveres varm eller kald.

Sprøstekt fisk

Serverer 4

450g/1lb fiskefileter, kuttet i strimler
30 ml/2 ss risvin eller tørr sherry
salt og nykvernet pepper
45 ml/3 ss maismel (maisstivelse)
1 eggehvite, lett pisket
olje til steking

Ha fisken i vinen eller sherryen og smak til med salt og pepper. Dryss lett med maismel. Visp resten av maismelet inn i eggehviten til den er stiv og dypp fisken i røren. Varm oljen og stek fiskestrimlene i noen minutter til de er gyldenbrune.

Frityrstekt torsk

Serverer 4

900g/2lb torskefileter, i terninger
salt og nykvernet pepper
2 egg, pisket
100 g/4 oz/1 kopp vanlig (all-purpose) mel
olje til steking
1 sitron, kuttet i skiver

Krydre torsken med salt og pepper. Pisk egg og mel til en deig og smak til med salt. Dypp fisken i røren. Varm oljen og stek fisken i noen minutter til den er gyldenbrun og gjennomstekt. Hell av på kjøkkenpapir og server med sitronbåter.

Fem krydderfisk

Serverer 4

4 torskefileter

5 ml/1 ts fem krydderpulver

5 ml / 1 ts salt

30 ml/2 ss peanøttolje

2 fedd hvitløk, knust

2,5 ml/1 ingefærrot, hakket

30 ml/2 ss risvin eller tørr sherry

15 ml/1 ss soyasaus

noen dråper sesamolje

Gni fisken med femkrydderpulver og salt. Varm oljen og stek fisken til den er lett brun på begge sider. Fjern fra pannen og tilsett de resterende ingrediensene. Varm gjennom under omrøring, legg deretter fisken tilbake i pannen og varm forsiktig opp før servering.

Duftende fiskepinner

Serverer 4

30 ml/2 ss risvin eller tørr sherry

1 vårløk (løk), finhakket

2 egg, pisket

10 ml/2 ts karripulver

5 ml / 1 ts salt

450g/1lb hvite fiskefileter, kuttet i strimler

100 g/4 oz brødsmuler

olje til steking

Bland sammen vin eller sherry, vårløk, egg, karri og salt. Dypp fisken i blandingen slik at bitene er jevnt belagt, og trykk dem deretter inn i brødsmulene. Varm oljen og stek fisken i noen minutter til den er sprø og gyllenbrun. Hell godt av og server umiddelbart.

Fisk med agurk

Serverer 4

4 hvite fiskefileter

75 g/3 oz små agurker

2 vårløk (løk)

2 skiver ingefærrot

30 ml/2 ss vann

5 ml/1 ts peanøttolje

2,5 ml/½ teskje salt

2,5 ml/½ teskje risvin eller tørr sherry

Legg fisken på en varmefast tallerken og strø resten av ingrediensene på toppen. Legg på rist i en dampkoker, dekk til og damp i ca 15 minutter over kokende vann til fisken er mør. Ha over på et oppvarmet serveringsfat, kast ingefær og løk og server.

Torsk krydret med ingefær

Serverer 4

225 g/8 oz tomatpuré (pasta)

30 ml/2 ss risvin eller tørr sherry

15 ml/1 ss revet ingefærrot

15 ml/1 ss chilisaus

15 ml / 1 ss vann

15 ml/1 ss soyasaus

10 ml/2 ts sukker

3 fedd hvitløk, knust

100 g/4 oz/1 kopp vanlig (all-purpose) mel

75 ml/5 ss maismel (maisstivelse)

175 ml/6 fl oz/¬œ kopp vann

1 eggehvite

2,5 ml/¬Ω teskje salt

olje til steking

450g/1lb torskefileter, flådd og i terninger

For å lage sausen blander du sammen tomatpuré, vin eller sherry, ingefær, chilisaus, vann, soyasaus, sukker og hvitløk. Kok opp, kok deretter under omrøring i 4 minutter.

Pisk mel, maismel, vann, eggehvite og salt til en jevn masse. Varm opp oljen. Dypp fiskestykkene i røren og stek i ca 5 minutter til de er stekte og gyldenbrune. La renne av på kjøkkenpapir. Hell av all oljen og ha fisken og sausen tilbake i pannen. Varm forsiktig i ca 3 minutter til fisken er helt dekket med sausen.

Torsk med mandarinsaus

Serverer 4

675g/1lb torskefileter, kuttet i strimler

30 ml/2 ss maismel (maisstivelse)

60 ml/4 ss peanøttolje

1 løk (løk), hakket

2 fedd hvitløk, knust

1 skive ingefærrot, hakket

100 g/4 oz sopp, i skiver

50g/2oz bambusskudd, kuttet i strimler

120 ml/4 fl oz/¬Ω kopp soyasaus

30 ml/2 ss risvin eller tørr sherry

15 ml/1 ss brunt sukker

5 ml / 1 ts salt

250 ml/8 fl oz/1 kopp kyllingkraft

Dypp fisken i maismelet til fisken er lett belagt. Varm oljen og stek fisken til den er gyldenbrun på begge sider. Fjern den fra pannen. Tilsett vårløk, hvitløk og ingefær og stek til den er lett brun. Tilsett sopp og bambusskudd og stek i 2 minutter. Tilsett de resterende ingrediensene og varm opp kok opp, rør. Ha fisken tilbake i pannen, dekk til og la det småkoke i 20 minutter.

Fisk med ananas

Serverer 4

450g/1lb fiskefileter

2 løkløk (løkløk), hakket

30 ml/2 ss soyasaus

15 ml/1 ss risvin eller tørr sherry

2,5 ml/¬Ω teskje salt

2 egg, lett pisket

15 ml/1 ss maismel (maisstivelse)

45 ml/3 ss peanøttolje

225 g/8 oz hermetiske ananasbiter i juice

Skjær fisken i 2,5 cm/1 strimler mot kornet og legg i en bolle. Tilsett vårløk, soyasaus, vin eller sherry og salt, bland og la stå i 30 minutter. Tøm fisken, kast marinaden. Pisk egg og maismel til en røre og dypp fisken i røren for å belegge, renn av overflødig. Varm oljen og stek fisken til den er lett brun på begge sider. Reduser varmen og fortsett å koke til de er møre. I mellomtiden blander du 60 ml/4 ss ananasjuice i gjenværende røre og ananasbiter. Ha i en panne på lav varme og kok under konstant omrøring til den er gjennomvarmet. Organisere legg den kokte fisken på et oppvarmet serveringsfat og hell over sausen til servering.

Fiskeruller med svinekjøtt

Serverer 4

450g/1lb fiskefileter

100 g/4 oz kokt svinekjøtt, hakket (kvernet)

30 ml/2 ss risvin eller tørr sherry

15 ml/1 ss sukker

olje til steking

120 ml/4 fl oz/½ kopp fiskekraft

3 løkløk (løkløk), hakket

1 skive ingefærrot, hakket

15 ml/1 ss soyasaus

15 ml/1 ss maismel (maisstivelse)

45 ml/3 ss vann

Skjær fisken i 9 cm/3½ firkanter. Bland svinekjøttet med vin eller sherry og halvparten av sukkeret, fordel på fiskerutene, rull sammen og fest med hyssing. Varm oljen og stek fisken til den er gyldenbrun. La renne av på kjøkkenpapir. Varm imens opp buljongen og tilsett løkløk, ingefær, soyasaus og det resterende sukkeret. Kok opp og kok i 4 minutter. Bland maismel og vann til en pasta, bland i pannen og la det småkoke, rør til sausen klarner og tykner. Hell over fisken og server med en gang.

Fisk i risvin

Serverer 4

400 ml/14 fl oz/1 kopp risvin eller tørr sherry

120 ml/4 fl oz/¬Ω kopp vann

30 ml/2 ss soyasaus

5 ml/1 ts sukker

salt og nykvernet pepper

10 ml/2 ts maismel (maisstivelse)

15 ml / 1 ss vann

450g/1lb torskefileter

5 ml/1 ts sesamolje

2 løk (løk), hakket

Kok opp vin, vann, soyasaus, sukker, salt og pepper og kok til halvparten. Bland maismel med vann til en pasta, tilsett i kjelen og la det småkoke under omrøring i 2 minutter. Krydre fisken med salt og strø over sesamolje. Tilsett i pannen og la det småkoke på svært lav varme i ca 8 minutter til det er gjennomstekt. Server drysset med løk.

Hurtigstekt fisk

Serverer 4

450g/1lb torskefileter, kuttet i strimler

salt

soyasaus

olje til steking

Dryss fisken med salt og soyasaus og la stå i 10 minutter. Varm oljen og stek fisken noen minutter til den er litt gyllen. Hell av på kjøkkenpapir og dryss rikelig med soyasaus før servering.

Sesamfrø fisk

Serverer 4

450g/1lb fiskefileter, kuttet i strimler

1 løk, hakket

2 skiver ingefærrot, hakket

120 ml/4 fl oz/¬Ω kopp risvin eller tørr sherry

10 ml/2 ts brunt sukker

2,5 ml/¬Ω teskje salt

1 egg, litt pisket

15 ml/1 ss maismel (maisstivelse)

45 ml/3 ss vanlig (all-purpose) mel

60 ml/6 ss sesamfrø

olje til steking

Legg fisken i en bolle. Bland sammen løk, ingefær, vin eller sherry, sukker og salt, tilsett fisken og la marinere i 30 minutter, vend av og til. Pisk egg, maismel og mel inn i deigen. Dypp fisken i røren og press inn i sesamfrøene. Varm oljen og stek fiskestrimlene i ca 1 minutt til de er gylne og sprø.

Dampet fiskeboller

Serverer 4

450g/1lb hakket (kvernet) torsk
1 egg, litt pisket
1 skive ingefærrot, hakket
2,5 ml/¬Ω teskje salt
en klype nykvernet pepper
15 ml/1 ss maismel (maistivelse) 15 ml/1 ss risvin eller tørr sherry

Bland alle ingrediensene godt og form kuler på størrelse med valnøtt. Dryss eventuelt over litt mel. Fordel i en grunne ildfast form.

Plasser retten i dampkokeren på rist, dekk til og damp forsiktig over kokende vann i ca 10 minutter til den er kokt.

Marinert søt og sur fisk

Serverer 4

450g/1lb fiskefileter, kuttet i biter
1 løk, hakket
3 skiver ingefærrot, hakket
5 ml/1 ts soyasaus
salt og nykvernet pepper
30 ml/2 ss maismel (maisstivelse)
olje til steking
sursøt saus

Legg fisken i en bolle. Bland sammen løk, ingefær, soyasaus, salt og pepper, tilsett fisken, dekk til med lokk og la stå i 1 time, snu av og til. Fjern fisken fra marinaden og strø over maismel. Varm oljen og stek fisken til den er sprø og gyllenbrun. Hell av på kjøkkenpapir og ha over på en oppvarmet serveringsplate. Tilbered sausen i mellomtiden og hell over fisken til servering.

Fisk med eddiksaus

Serverer 4

450g/1lb fiskefileter, kuttet i strimler

salt og nykvernet pepper

1 eggehvite, lett pisket

45 ml/3 ss maismel (maisstivelse)

15 ml/1 ss risvin eller tørr sherry

olje til steking

250 ml/8 fl oz/1 kopp fiskekraft

15 ml/1 ss brunt sukker

15 ml/1 ss vineddik

2 skiver ingefærrot, hakket

2 løkløk (løkløk), hakket

Krydre fisken med litt salt og pepper. Pisk eggehvitene med 30 ml/2 ss maismel og vin eller sherry. Kast fisken i røren til den er belagt. Varm oljen og stek fisken i noen minutter til den er gyldenbrun. La renne av på kjøkkenpapir.

Kok opp i mellomtiden buljong, sukker og vineddik. Tilsett ingefær og løk og surr i 3 minutter. Bland resten av maismelet til en pasta med litt vann, bland til pannen og la det småkoke under omrøring til sausen klarner og tykner. Hell over fisken til servering.

Frityrstekt ål

Serverer 4

450g/1lb ål

250 ml/8 fl oz/1 kopp peanøttolje

30 ml/2 ss mørk soyasaus

30 ml/2 ss risvin eller tørr sherry

15 ml/1 ss brunt sukker

en klype sesamolje

Skrell åleskinnet og skjær i biter. Varm oljen og stek ålen til den er gylden. Fjern fra pannen og tøm. Hell av alt unntatt 30 ml/2 ss olje. Varm opp oljen igjen og tilsett soyasaus, vin eller sherry og sukker. Varm gjennom, tilsett ålen og rør rundt til ålen er godt belagt og nesten all væsken er fordampet. Hell over sesamolje og server.

Tørket ål

Serverer 4

5 tørkede kinesiske sopp

3 vårløk (løk)

30 ml/2 ss peanøttolje

20 fedd hvitløk

6 skiver ingefærrot

10 vannkastanjer

900g/2lb ål

30 ml/2 ss soyasaus

15 ml/1 ss brunt sukker

15 ml/1 ss risvin eller tørr sherry

450 ml/¬æ pt/2 kopper vann

15 ml/1 ss maismel (maisstivelse)

45 ml/3 ss vann

5 ml/1 ts sesamolje

Bløtlegg soppen i varmt vann i 30 minutter, tøm deretter av og fjern stilkene. Kutt 1 løkløk i biter og hakk den andre. Varm oljen og stek sopp, løk, hvitløk, ingefær og kastanjer i 30 sekunder. Tilsett ålene og stek i 1 minutt. Tilsett soyasaus, sukker, vin eller sherry og vann, kok opp, legg på lokk og la det småkoke på svak varme i 1 time, tilsett litt vann etter behov. Bland maismel og vann til en pasta, tilsett i kjelen og la det småkoke under omrøring til sausen tykner. Server drysset med sesamolje og hakket løk.

Ål med selleri

Serverer 4

350g/12oz ål

6 stilker selleri

30 ml/2 ss peanøttolje

2 løk (løk), hakket

1 skive ingefærrot, hakket

30 ml/2 ss vann

5 ml/1 ts sukker

5 ml/1 ts risvin eller tørr sherry

5 ml/1 ts soyasaus

nykvernet pepper

30 ml/2 ss hakket fersk persille

Skrell og skjær ålen i strimler. Skjær sellerien i strimler. Varm oljen og stek løk og ingefær i 30 sekunder. Tilsett ålen og stek i 30 sekunder. Tilsett sellerien og stek i 30 sekunder. Tilsett halvparten av vannet, sukker, vin eller sherry, soyasaus og pepper. Kok opp og la det småkoke i noen minutter til sellerien er myk, men fortsatt sprø og væsken er redusert. Server drysset med persille.

Paprika fylt med hyse

Serverer 4

225 g/8 oz hysefileter, hakket (hakket)

100 g/4 oz skallede reker, hakket (hakket)

1 løk (løk), hakket

2,5 ml/½ teskje salt

pepper

4 grønne paprika

45 ml/3 ss peanøttolje

120 ml/4 fl oz/½ kopp kyllingkraft

10 ml/2 ts maismel (maisstivelse)

5 ml/1 ts soyasaus

Bland sammen hyse, reker, løk, salt og pepper. Skjær av stilken på paprikaen og øs ut midten. Fyll paprikaen med sjømatblandingen. Varm opp olje og tilsett paprika og buljong. Kok opp, dekk til og la det småkoke i 15 minutter. Ha paprikaene over på en oppvarmet serveringsfat. Bland maismel, soyasaus og litt vann sammen og bland i pannen. Kok opp og la det småkoke under omrøring til sausen klarner og tykner.

Hyse i svart bønnesaus

Serverer 4

15 ml/1 ss peanøttolje
2 fedd hvitløk, knust
1 skive ingefærrot, hakket
15 ml/1 ss svart bønnesaus
2 løk, i skiver
1 stang selleri, i skiver
450g/1lb hysefileter
15 ml/1 ss soyasaus
15 ml/1 ss risvin eller tørr sherry
250 ml/8 fl oz/1 kopp kyllingkraft

Varm oljen og fres hvitløk, ingefær og sorte bønnesaus til de er lett brune. Tilsett løk og selleri og stek i 2 minutter. Tilsett hysa og stek i ca 4 minutter på hver side eller til fisken er gjennomstekt. Tilsett soyasaus, vin eller sherry og kyllingkraft, kok opp, legg på lokk og la det småkoke i 3 minutter.

Fisk i brun saus

Serverer 4

4 hyse eller lignende fisk

45 ml/3 ss peanøttolje

2 løk (løk), hakket

2 skiver ingefærrot, hakket

5 ml/1 ts soyasaus

2,5 ml/¬Ω teskje vineddik

2,5 ml/¬Ω teskje risvin eller tørr sherry

2,5 ml/¬Ω teskje sukker

nykvernet pepper

2,5 ml/¬Ω ts sesamolje

Skjær fisken og skjær i store biter. Varm oljen og stek løk og ingefær i 30 sekunder. Tilsett fisken og stek til den er lett brun på begge sider. Tilsett soyasaus, vineddik, vin eller sherry, sukker og pepper og la det småkoke i 5 minutter til sausen er tykk. Server dryppet med sesamolje.

Fem krydderfisk

Serverer 4

450g/1lb hysefileter

5 ml/1 ts fem krydderpulver

5 ml / 1 ts salt

30 ml/2 ss peanøttolje

2 fedd hvitløk, knust

2 skiver ingefærrot, hakket

30 ml/2 ss risvin eller tørr sherry

15 ml/1 ss soyasaus

10 ml/2 ts sesamolje

Gni hysefiletene med femkrydderpulver og salt. Varm oljen og stek fisken til den er lett brun på begge sider, ta den deretter ut av pannen. Tilsett hvitløk, ingefær, vin eller sherry, soyasaus og sesamolje og stek i 1 minutt. Ha fisken tilbake i pannen og la det småkoke på svak varme til fisken er mør.

Hyse med hvitløk

Serverer 4

450g/1lb hysefileter

5 ml / 1 ts salt

30 ml/2 ss maismel (maisstivelse)

60 ml/4 ss peanøttolje

6 fedd hvitløk

2 skiver ingefærrot, knust

45 ml/3 ss vann

30 ml/2 ss soyasaus

15 ml/1 ss gul bønnesaus

15 ml/1 ss risvin eller tørr sherry

15 ml/1 ss brunt sukker

Dryss hysa med salt og dryss maismel. Varm oljen og stek fisken til den er gyldenbrun på begge sider, og ta den deretter ut av pannen. Tilsett hvitløk og ingefær og stek i 1 minutt. Tilsett resten av ingrediensene, kok opp, dekk til og la det småkoke i 5 minutter. Ha fisken tilbake i pannen, dekk til og la den småkoke til den er mør.

Fisk med varme krydder

Serverer 4

450g/1lb hysefileter, hakket

Saft av 1 sitron

30 ml/2 ss soyasaus

30ml/2 ss østerssaus

15 ml/1 ss revet sitronskall

en klype malt ingefær

salt og pepper

2 eggehviter

45 ml/3 ss maismel (maisstivelse)

6 tørkede kinesiske sopp

olje til steking

5 løk (skålløk), kuttet i strimler

1 stang selleri, kuttet i strimler

100g/4oz bambusskudd, kuttet i strimler

250 ml/8 fl oz/1 kopp kyllingkraft

5 ml/1 ts fem krydderpulver

Ha fisken i en bolle og strø over sitronsaft. Bland sammen soyasaus, østerssaus, sitronskall, ingefær, salt, pepper, eggehviter og alt unntatt 5 ml/1 ts maismel. Permisjon mariner i 2 timer, rør av og til. Bløtlegg soppen i varmt vann i 30 minutter og la den renne av. Kast stilkene og skjær hettene i skiver. Varm oljen og stek fisken noen minutter til den er gylden. Fjern fra pannen. Tilsett grønnsakene og stek til de er myke, men fortsatt sprø. Hell av oljen. Bland kyllingbuljongen med resten av maismelet, tilsett grønnsakene og kok opp. Ha fisken tilbake i pannen, smak til med femkrydderpulver og varm gjennom før servering.

Ginger Haddock med Pak Soi

Serverer 4

450g/1lb hysefilet

salt og pepper

225 g/8 oz pak soya

30 ml/2 ss peanøttolje

1 skive ingefærrot, hakket

1 løk, hakket

2 tørkede røde chilipepper

5 ml/1 ts honning

10 ml/2 ts tomatketchup (catsup)

10 ml/2 ts malteddik

30 ml/2 ss tørr hvitvin

10 ml/2 ts soyasaus

10 ml/2 ts fiskesaus

10 ml/2 ts østerssaus

5 ml/1 ts rekepasta

Skrell skinnet av hysa og skjær deretter i 2 cm/¬æ biter. Dryss over salt og pepper. Skjær kålen i små biter. Varm olje og fres ingefær og løk i 1 minutt. Tilsett kål og chilipepper og stek i 30 sekunder. Tilsett honning, tomat ketchup, eddik og vin. Tilsett hyse og la det småkoke i 2 minutter. Bland soya, fisk og østerssaus og rekepasta og la det småkoke til hysa er kokt.

Hysefletter

Serverer 4

450g/1lb hysefileter, flådd

salt

5 ml/1 ts fem krydderpulver

Saft av 2 sitroner

5 ml/1 ts anis, malt

5 ml/1 ts nykvernet pepper

30 ml/2 ss soyasaus

30ml/2 ss østerssaus

15 ml/1 ss honning

60 ml/4 ss hakket gressløk

8,Äì10 spinatblader

45 ml/3 ss vineddik

Skjær fisken i lange tynne strimler og form til pigtails, dryss over salt, femkrydderpulver og sitronsaft og legg i en bolle. Bland sammen anis, pepper, soyasaus, østerssaus, honning og gressløk, hell over fisken og la marinere i minst 30 minutter. Kle steamerkurven med spinatblader, legg flettene på toppen, dekk til og damp forsiktig over kokende vann med eddik i ca 25 minutter.

Dampet fiskeruller

Serverer 4

450g/1lb hysefileter, flådd og i terninger

Saft av 1 sitron

30 ml/2 ss soyasaus

30ml/2 ss østerssaus

30 ml/2 ss plommesaus

5 ml/1 ts risvin eller tørr sherry

salt og pepper

6 tørkede kinesiske sopp

100 g/4 oz bønner

100 g/4 oz grønne erter

50 g/2 oz/¬Ω kopp valnøtter, hakket

1 egg, pisket

30 ml/2 ss maismel (maisstivelse)

225 g/8 oz kinakål, blanchert

Legg fisken i en bolle. Bland sammen sitronsaft, soya, østers og plommesaus, vin eller sherry og salt og pepper. Hell over fisken og la marinere i 30 minutter. Tilsett grønnsaker, nøtter, egg og maismel og bland godt. Legg 3 kinesiske blader oppå hverandre, øs litt av fiskeblandingen oppå og rull opp. Fortsett til alle ingrediensene er brukt. Legg rullene i en dampkurv, dekk til og kok forsiktig over kokende vann i 30 minutter.

Kveite med tomatsaus

Serverer 4

450g/1lb kveitefileter

salt

15 ml/1 ss svart bønnesaus

1 fedd hvitløk, knust

2 løk (løk), hakket

2 skiver ingefærrot, hakket

15 ml/1 ss risvin eller tørr sherry

15 ml/1 ss soyasaus

200 g/7 oz hermetiske tomater, drenert

30 ml/2 ss peanøttolje

Dryss kveita rikelig med salt og la den stå i 1 time. Skyll av saltet og tørk. Legg fisken i en ildfast bolle og dryss over svartbønnesaus, hvitløk, løk, ingefær, vin eller sherry, soyasaus og tomater. Sett bollen i dampkokeren på rist, dekk til med lokk og damp i 20 minutter over kokende vann til fisken er kokt. Varm oljen til den nesten ryker og ringle over fisken før servering.

Monkfish med brokkoli

Serverer 4

450 g/1 lb breiflabbhale, i terninger

salt og pepper

45 ml/3 ss peanøttolje

50 g/2 oz sopp, i skiver

1 liten gulrot, kuttet i strimler

1 fedd hvitløk, knust

2 skiver ingefærrot, hakket

45 ml/3 ss vann

275 g/10 oz brokkolibuketter

5 ml/1 ts sukker

5 ml/1 ts maismel (maisstivelse)

45 ml/3 ss vann

Krydre hjertemusen godt med salt og pepper. Varm 30 ml/2 ss olje og stek breiflabb, sopp, gulrot, hvitløk og ingefær til den er lett brun. Tilsett vann og fortsett å småkoke uten lokk på lav varme. I mellomtiden blancherer du brokkolien i kokende vann til den er myk, og la den renne godt av. Varm opp den resterende oljen og stek brokkoli og sukker med en klype salt til brokkolien er godt dekket med oljen. Plasser rundt oppvarmet serveringsfat. Bland maismel og vann til en pasta, bland inn fisken og la det småkoke under omrøring til sausen tykner. Hell over brokkolien og server med en gang.

Multe med tykk soyasaus

Serverer 4

1 rød multe

olje til steking

30 ml/2 ss peanøttolje

2 løkløk (skålløk), i skiver

2 skiver ingefærrot, hakket

1 rød chilipepper, hakket

250 ml/8 fl oz/1 kopp fiskekraft

15 ml/1 ss tykk soyasaus

15 ml/1 ss nykvernet hvit pepper

15 ml/1 ss risvin eller tørr sherry

Skjær fisken og skjær den diagonalt på begge sider. Varm oljen og stek fisken til den er halvstekt. Fjern fra oljen og tøm godt. Varm oljen og stek løkløk, ingefær og chilipepper i 1 minutt. Tilsett resten av ingrediensene, bland godt og kok opp. Tilsett fisken og la det småkoke, uten lokk, til fisken er kokt og væsken nesten fordampet.

Lääne innsjø fisk

Serverer 4

1 multe
30 ml/2 ss peanøttolje
4 løkløk (skålløk), hakket
1 rød chilipepper, hakket
4 skiver ingefærrot, hakket
45 ml/3 ss brunt sukker
30 ml/2 ss rødvinseddik
30 ml/2 ss vann
30 ml/2 ss soyasaus
nykvernet pepper

Rens og trim fisken og lag 2 eller 3 diagonale kutt på hver side. Varm oljen og stek halvparten av løken, chilipepper og ingefær i 30 sekunder. Tilsett fisken og stek til den er lett brun på begge sider. Tilsett sukker, vineddik, vann, soyasaus og pepper, kok opp, legg på lokk og la det småkoke i ca 20 minutter, til fisken er kokt og sausen har redusert. Server pyntet med de resterende løkene.

Stekt sjømat

Serverer 4

4 flyndrefileter
salt og nykvernet pepper
30 ml/2 ss peanøttolje
1 skive ingefærrot, hakket
1 fedd hvitløk, knust
salatblader

Krydre sjømaten rikelig med salt og pepper. Varm oljen og stek ingefær og hvitløk i 20 sekunder. Tilsett fisken og stek til den er gjennomstekt og gyldenbrun. Hell godt av og server på en salatseng.

Dampet sjømat med kinesisk sopp

Serverer 4

4 tørkede kinesiske sopp
450g/1lb kveitefileter, i terninger
1 fedd hvitløk, knust
1 skive ingefærrot, hakket
15 ml/1 ss soyasaus
15 ml/1 ss risvin eller tørr sherry
5 ml/1 ts brunt sukker
350 g/12 oz kokt langkornet ris

Bløtlegg soppen i varmt vann i 30 minutter og la den renne av. Kast stilkene og hakk hettene. Bland med flyndre, hvitløk, ingefær, soyasaus, vin eller sherry og sukker, dekk til med lokk og la marinere i 1 time. Legg risen i dampkokeren og legg fisken på toppen. Damp i ca 30 minutter til fisken er kokt.

Havabbor med hvitløk

Serverer 4

350 g/12 oz flyndrefileter

salt

45 ml/3 ss maismel (maisstivelse)

1 egg, pisket

60 ml/4 ss peanøttolje

3 fedd hvitløk, hakket

4 løk (skålløk), hakket

15 ml/1 ss risvin eller tørr sherry

5 ml/1 ts sesamolje

Skrell skinnet av flyndre og skjær i strimler. Dryss over salt og la stå i 20 minutter. Dryss fisken med maismel og dypp deretter i egget. Varm oljen og stek fiskestrimlene i ca 4 minutter til de er gyldenbrune. Ta ut av pannen og hell av på kjøkkenpapir. Hell av alt unntatt 5 ml/1 ts olje fra pannen og tilsett resten av ingrediensene. Kok opp under omrøring og kok i 3 minutter. Hell over fisken og server umiddelbart.

Havabbor med ananassaus

Serverer 4

450g/1lb kveitefileter

5 ml / 1 ts salt

30 ml/2 ss soyasaus

200 g/7 oz hermetiske ananasbiter

2 egg, pisket

100 g/4 oz/¬Ω kopp maismel (maisstivelse)

olje til steking

30 ml/2 ss vann

5 ml/1 ts sesamolje

Skjær tangen i strimler og legg i en bolle. Dryss over salt, soyasaus og 30 ml/2 ss ananasjuice og la stå i 10 minutter. Pisk eggene med 45 ml/3 ss maismel til en røre og dypp fisken i røren. Varm oljen og stek fisken til den er gyldenbrun. Hell av på cayennepepperen. Hell den resterende ananasjuicen i en liten kjele. Bland 30ml/2ss maismel med vann og rør inn i kjelen. Kok opp og la det småkoke under omrøring til det tykner. Tilsett halvparten av ananasbitene og varm gjennom. Rett før servering rører du inn sesamolje. Fordel den kokte fisken på den oppvarmede delen på en tallerken og pynt med den reserverte ananasen. Hell over den varme sausen og server med en gang.

Laks med tofu

Serverer 4

120 ml/4 fl oz/¬Ω kopp peanøttolje
450 g/1 lb tofu, i terninger
2,5 ml/¬Ω ts sesamolje
100 g/4 oz laksefilet, hakket
en klype chilisaus
250 ml/8 fl oz/1 kopp fiskekraft
15 ml/1 ss maismel (maisstivelse)
45 ml/3 ss vann
2 løk (løk), hakket

Varm oljen og stek tofuen til den er lett brun. Fjern fra pannen. Varm opp olje og sesamolje igjen og stek lakse-chilisausen i 1 minutt. Tilsett kraften, kok opp og ha tofuen tilbake i pannen. La det småkoke, uten lokk, til ingrediensene er gjennomkokt og væsken er redusert. Bland maismel og vann til en pasta. Bland litt etter litt og la det småkoke under omrøring til blandingen tykner. Når du har latt væsken reduseres, trenger du kanskje ikke all maispastaen. Ha over på et oppvarmet serveringsfat og dryss over vårløk.

Stekt marinert fisk

Serverer 4

450g/1lb brisling eller annen liten fisk, renset

3 skiver ingefærrot, hakket

120 ml/4 fl oz/¬Ω kopp soyasaus

15 ml/1 ss risvin eller tørr sherry

1 stjerneanis nellik

olje til steking

15 ml/1 ss sesamolje

Legg fisken i en bolle. Bland sammen ingefær, soyasaus, vin eller sherry og anis, hell over fisken og la stå i 1 time, vend av og til. Tøm fisken, kast marinaden. Varm oljen og stek fisken i omganger til den er sprø og gyllenbrun. Hell av på kjøkkenpapir og server dryppet med sesamolje.

Ørret med gulrøtter

Serverer 4

15 ml/1 ss peanøttolje

1 fedd hvitløk, knust

1 skive ingefærrot, hakket

4 ørreter

2 gulrøtter, kuttet i strimler

25g/1oz bambusskudd kuttet i strimler

25 g/1 oz vannkastanjer, kuttet i strimler

15 ml/1 ss soyasaus

15 ml/1 ss risvin eller tørr sherry

Varm oljen og stek hvitløk og ingefær til de er lett brune. Tilsett fisken, dekk til og stek til fisken blir ugjennomsiktig. Tilsett gulrøtter, bambusskudd, kastanjer, soyasaus og vin eller sherry, bland godt, dekk til og la det småkoke i ca 5 minutter.

Frityrstekt ørret

Serverer 4

4 ørreter, renset og fjæret
2 egg, pisket
50 g/2 oz/¬Ω kopp vanlig (all-purpose) mel
olje til steking
1 sitron, kuttet i skiver

Skjær fisken diagonalt noen ganger på begge sider. Dypp i de sammenpiskede eggene og rør deretter inn melet for å dekkes helt. Rist av det overflødige. Varm oljen og stek fisken i ca 10-15 minutter til den er gjennomstekt. Hell av på kjøkkenpapir og server med sitron.

Ørret med sitronsaus

Serverer 4

450 ml/¬æ pt/2 kopper kyllingkraft

5 cm/2 i firkantet sitronskall

150 ml / ¬° pt / sjenerøs ¬Ω kopp sitronsaft

90 ml/6 ss brunt sukker

2 skiver ingefærrot, kuttet i strimler

30 ml/2 ss maismel (maisstivelse)

4 ørreter

375 g/12 oz/3 kopper vanlig (all-purpose) mel

175 ml/6 fl oz/¬æ kopp vann

olje til steking

2 eggehviter

8 løkløk (skålløk), i tynne skiver

For å forberede sausen, bland buljong, sitronskall og juice, sukker og 5 minutter. Fjern fra varmen, tøm og returner til pannen. Bland maismel med litt vann og rør deretter inn i kjelen. La småkoke i 5 minutter, rør ofte. Fjern fra varmen og hold sausen varm.

Dekk fisken lett med mel på begge sider. Pisk det resterende melet med vann og 10 ml/2 ts olje til det er jevnt. Pisk eggehvitene til de er stive, men ikke tørre og bland inn i røren. Varm opp den resterende oljen. Dypp fisken i røren slik at fisken er helt dekket. Stek fisken i ca. 10 minutter, snu en gang, til den er gjennomstekt og gylden. La renne av på kjøkkenpapir. Anrett fisken på et oppvarmet serveringsfat. Bland vårløken inn i den varme sausen, hell over fisken og server umiddelbart.

kinesisk tunfisk

Serverer 4

30 ml/2 ss peanøttolje

1 løk, hakket

200 g/7 oz hermetisk tunfisk, drenert og flak

2 stilker selleri, hakket

100 g/4 oz sopp, hakket

1 grønn paprika, hakket

250 ml/8 fl oz/1 kopp buljong

30 ml/2 ss soyasaus

100 g fine eggnudler

salt

15 ml/1 ss maismel (maisstivelse)

45 ml/3 ss vann

Varm oljen og stek løken til den er myk. Tilsett tunfisken og bland til den er godt dekket med olje. Tilsett selleri, sopp og pepper og stek i 2 minutter. Tilsett buljong og soyasaus, kok opp, legg på lokk og la det småkoke i 15 minutter. I mellomtiden koker du nudlene i kokende saltet vann i ca. 5 minutter til de er møre, og tøm dem godt og overfør til en oppvarmet serveringsform.

tallerken. Bland maismel og vann, rør blandingen inn i tunfisksausen og la det småkoke under omrøring til sausen klarner og tykner.

Marinerte fiskesteker

Serverer 4

4 hvitting- eller hysesteker
2 fedd hvitløk, knust
2 skiver ingefærrot, knust
3 løk (løk), hakket
15 ml/1 ss risvin eller tørr sherry
15 ml/1 ss vineddik
salt og nykvernet pepper
45 ml/3 ss peanøttolje

Legg fisken i en bolle. Bland hvitløk, ingefær, vårløk, vin eller sherry, vineddik, salt og pepper, hell over fisken, dekk til med lokk og la marinere i flere timer. Fjern fisken fra marinaden. Varm oljen og stek fisken til den er brun på begge sider, ta deretter ut av pannen. Tilsett marinaden i pannen, kok opp, ha fisken tilbake i pannen og la den småkoke til den er gjennomstekt.

Reker med mandler

Serverer 4

100 g/4 oz mandler

225 g/8 oz store reker uten skall

2 skiver ingefærrot, hakket

15 ml/1 ss maismel (maisstivelse)

2,5 ml/¬Ω teskje salt

30 ml/2 ss peanøttolje

2 fedd hvitløk

2 stilker selleri, hakket

5 ml/1 ts soyasaus

5 ml/1 ts risvin eller tørr sherry

30 ml/2 ss vann

Rist mandlene i en tørr panne til de er lett brune, og sett dem til side. Skrell rekene, la halene sitte på, og skjær halen i to på langs. Bland med ingefær, maismel og salt. Varm oljen og stek hvitløken til den er lett brun, kast deretter hvitløken. Tilsett selleri, soyasaus, vin eller sherry og vann i pannen og kok opp. Tilsett rekene og stek til de er gjennomvarme. Server drysset med ristede mandler.

Anis reker

Serverer 4

45 ml/3 ss peanøttolje

15 ml/1 ss soyasaus

5 ml/1 ts sukker

120 ml/4 fl oz/¬Ω kopp fiskekraft

en klype malt anis

450 g/1 lb skallede reker

Varm olje, tilsett soyasaus, sukker, buljong og anis og varm opp til det koker. Tilsett rekene og la det småkoke i noen minutter til de er gjennomvarme og krydret.

Reker med asparges

Serverer 4

450g/1lb asparges, kuttet i biter

45 ml/3 ss peanøttolje

2 skiver ingefærrot, hakket

15 ml/1 ss soyasaus

15 ml/1 ss risvin eller tørr sherry

5 ml/1 ts sukker

2,5 ml/¬Ω teskje salt

225 g/8 oz skallede reker

Blancher aspargesen i kokende vann i 2 minutter, renn deretter godt av. Varm oljen og stek ingefæren i noen sekunder. Tilsett aspargesen og bland til de er godt dekket med oljen. Tilsett soyasaus, vin eller sherry, sukker og salt og varm gjennom. Tilsett rekene og rør over svak varme til aspargesen er myk.

Reker med bacon

Serverer 4

450 g/1 lb store uskrellede reker
100 g/4 oz bacon
1 egg, litt pisket
2,5 ml/½ teskje salt
15 ml/1 ss soyasaus
50 g/2 oz/½ kopp maismel (maisstivelse)
olje til steking

Skrell rekene, la halene være intakte. Kutt i to på langs opp til halen. Skjær baconet i små firkanter. Trykk et stykke bacon i midten av hver reke og press de to halvdelene sammen. Pisk egget med salt og soyasaus. Dypp rekene i egget og dryss deretter over maismel. Varm oljen og stek rekene til de er sprø og gyldne.

Rekekuler

Serverer 4

3 tørkede kinesiske sopp
450g/1lb reker, finhakket
6 vannkastanjer, finhakket
1 vårløk (løk), finhakket
1 skive ingefærrot, finhakket
salt og nykvernet pepper
2 egg, pisket
15 ml/1 ss maismel (maisstivelse)
50 g/2 oz/¬Ω kopp vanlig (all-purpose) mel
jordnøttolje (peanøtt) til steking

Bløtlegg soppen i varmt vann i 30 minutter og la den renne av. Kast stilkene og finhakk hettene. Bland med reker, vannkastanjer, løk og ingefær og smak til med salt og pepper. Bland inn 1 egg og 5 ml/1 ts maismel i ca hopende teskjestore kuler.

Pisk sammen resten av egget, maismel og mel og tilsett nok vann til å lage en tykk, jevn deig. Rull kulene inn deig. Varm oljen og stek i noen minutter til den er lys gyldenbrun.

Grillede reker

Serverer 4

450g/1lb store skrellede reker

100 g/4 oz bacon

225 g/8 oz kyllinglever, i skiver

1 fedd hvitløk, knust

2 skiver ingefærrot, hakket

30 ml/2 ss sukker

120 ml/4 fl oz/¬Ω kopp soyasaus

salt og nykvernet pepper

Skjær rekene på langs ned på ryggen uten å skjære rett igjennom og flat dem litt. Skjær baconet i biter og ha i en bolle med reker og kyllinglever. Bland sammen resten av ingrediensene, hell over rekene og la stå i 30 minutter. Tre reker, bacon og lever på spydene og grill eller grill i ca. 5 minutter, vend ofte til de er gjennomstekt, og tøs av og til med marinaden.

Reker med bambusskudd

Serverer 4

60 ml/4 ss peanøttolje

1 fedd hvitløk, hakket

1 skive ingefærrot, hakket

450 g/1 lb skallede reker

30 ml/2 ss risvin eller tørr sherry

225g/8oz bambusskudd

30 ml/2 ss soyasaus

15 ml/1 ss maismel (maisstivelse)

45 ml/3 ss vann

Varm oljen og stek hvitløk og ingefær til de er lett brune. Tilsett rekene og stek i 1 minutt. Tilsett vin eller sherry og bland godt. Tilsett bambusskuddene og stek i 5 minutter. Tilsett resten av ingrediensene og stek i 2 minutter.

Reker med bønnespirer

Serverer 4

4 tørkede kinesiske sopp
30 ml/2 ss peanøttolje
1 fedd hvitløk, knust
225 g/8 oz skallede reker
15 ml/1 ss risvin eller tørr sherry
450 g / 1 lb bønner
120 ml/4 fl oz/¬Ω kopp kyllingkraft
15 ml/1 ss soyasaus
15 ml/1 ss maismel (maisstivelse)
salt og nykvernet pepper
2 løkløk (løkløk), hakket

Bløtlegg soppen i varmt vann i 30 minutter og la den renne av. Kast stilkene og skjær hettene i skiver. Varm oljen og stek hvitløken til den er lett brun. Tilsett rekene og stek i 1 minutt. Tilsett vin eller sherry og stek i 1 minutt. Rør inn sopp og bønnespirer. Bland kraft, soyasaus og maismel og rør inn i kjelen. Kok opp, kok deretter under omrøring til sausen klarner og tykner. Smak til med salt og pepper. Server drysset med løk.

Reker med svart bønnesaus

Serverer 4

30 ml/2 ss peanøttolje

5 ml / 1 ts salt

1 fedd hvitløk, knust

45 ml/3 ss svart bønnesaus

1 grønn paprika, hakket

1 løk, hakket

120 ml/4 fl oz/½ kopp fiskekraft

5 ml/1 ts sukker

15 ml/1 ss soyasaus

225 g/8 oz skallede reker

15 ml/1 ss maismel (maisstivelse)

45 ml/3 ss vann

Varm olje og stek salt, hvitløk og svartbønnesaus i 2 minutter. Tilsett pepper og løk og stek i 2 minutter. Tilsett buljong, sukker og soyasaus og kok opp. Tilsett rekene og fres i 2 minutter. Bland maismel og vann til en pasta, tilsett i kjelen og la det småkoke under omrøring til sausen klarner og tykner.

Reker med selleri

Serverer 4

45 ml/3 ss peanøttolje

3 skiver ingefærrot, hakket

450 g/1 lb skallede reker

5 ml / 1 ts salt

15 ml/1 ss sherry

4 stilker selleri, hakket

100 g/4 oz mandler, hakket

Varm opp halvparten av oljen og stek ingefæren til den er lett brun. Tilsett rekene, saltet og sherryen og stek til de er godt dekket i oljen, ta deretter ut av pannen. Varm opp den resterende oljen og rør selleri og mandler i noen minutter til sellerien er myk, men fortsatt sprø. Ha rekene tilbake i pannen, bland godt og varm gjennom før servering.

Friterte reker med kylling

Serverer 4

30 ml/2 ss peanøttolje

2 fedd hvitløk, knust

225 g/8 oz kokt kylling, i tynne skiver

100g/4oz bambusskudd, i skiver

100 g/4 oz sopp, i skiver

75 ml/5 ss fiskekraft

225 g/8 oz skallede reker

225 g/8 oz mangetout (snøerter)

15 ml/1 ss maismel (maisstivelse)

45 ml/3 ss vann

Varm oljen og stek hvitløken til den er lett brun. Tilsett kylling, bambusskudd og sopp og stek til de er godt belagt med oljen. Tilsett kraft og kok opp. Tilsett reker og mangetout, dekk til og la det småkoke i 5 minutter. Bland maismel og vann til en pasta, tilsett i kjelen og la det småkoke under omrøring til sausen klarner og tykner. Server med en gang.

Chili reker

Serverer 4

450 g/1 lb skallede reker

1 eggehvite

10 ml/2 ts maismel (maisstivelse)

5 ml / 1 ts salt

60 ml/4 ss peanøttolje

25 g/1 oz tørket rød chilipepper, hakket

1 fedd hvitløk, knust

5 ml/1 ts nykvernet pepper

15 ml/1 ss soyasaus

5 ml/1 ts risvin eller tørr sherry

2,5 ml/¬Ω teskje sukker

2,5 ml/¬Ω teskje vineddik

2,5 ml/¬Ω ts sesamolje

Ha rekene i en bolle med eggehvite, maismel og salt og la det marinere i 30 minutter. Varm oljen og stek chilipepper, hvitløk og pepper i 1 minutt. Tilsett rekene og resten av ingrediensene og stek i noen minutter til rekene er gjennomvarme og ingrediensene er godt blandet.

Reker Chop Suey

Serverer 4

60 ml/4 ss peanøttolje

2 løk (løk), hakket

2 fedd hvitløk, knust

1 skive ingefærrot, hakket

225 g/8 oz skallede reker

100 g/4 oz frosne erter

100 g/4 oz knappsopp, halvert

30 ml/2 ss soyasaus

15 ml/1 ss risvin eller tørr sherry

5 ml/1 ts sukker

5 ml / 1 ts salt

15 ml/1 ss maismel (maisstivelse)

Varm 45 ml/3 ss olje og stek løk, hvitløk og ingefær til de er lett brune. Tilsett rekene og stek i 1 minutt. Fjern fra pannen. Varm opp resten av oljen og rør erter og sopp i 3 minutter. Tilsett reker, soyasaus, vin eller sherry, sukker og salt og stek i 2 minutter. Bland maismelet med litt vann, tilsett i kjelen og la det småkoke under omrøring til sausen blir klar og tykner.

Reker Chow Mein

Serverer 4

450 g/1 lb skallede reker
15 ml/1 ss maismel (maisstivelse)
15 ml/1 ss soyasaus
15 ml/1 ss risvin eller tørr sherry
4 tørkede kinesiske sopp
30 ml/2 ss peanøttolje
5 ml / 1 ts salt
1 skive ingefærrot, hakket
100 g/4 oz kinakål, i skiver
100g/4oz bambusskudd, i skiver
Myke stekte nudler

Bland rekene med maismel, soyasaus og vin eller sherry og la stå mens du rører av og til. Bløtlegg soppen i varmt vann i 30 minutter og la den renne av. Kast stilkene og skjær hettene i skiver. Varm olje og stek i salt og ingefær i 1 minutt. Tilsett kål og bambusskudd og bland til de er dekket med olje. Dekk til og la det småkoke i 2 minutter. Rør inn rekene og marinaden og stek i 3 minutter. Rør inn de avrente nudlene og varm gjennom før servering.

Reker med squash og litchi

Serverer 4

12 kjempereker

salt og pepper

10 ml/2 ts soyasaus

10 ml/2 ts maismel (maisstivelse)

15 ml/1 ss peanøttolje

4 fedd hvitløk, knust

2 røde chilipepper, hakket

225 g/8 oz zucchini (zucchini), hakket

2 løk (løk), hakket

12 litchi, med steiner

120 ml/4 fl oz/¬Ω kopp kokoskrem

10 ml/2 ts mildt karripulver

5 ml/1 ts fiskesaus

Skrell rekene, la halene sitte på. Dryss over salt, pepper og soyasaus, og strø deretter med maismel. Varm oljen og fres hvitløk, chilipepper og reker i 1 minutt. Tilsett squash, løk og litchi og stek i 1 minutt. Fjern fra pannen. Hell kokoskremen i pannen, kok opp og la det småkoke i 2 minutter til den tykner. Rør inn karrien pulver og fiskesaus og smak til med salt og pepper. Ha rekene og grønnsakene tilbake i sausen for å varmes opp før servering.

Reker med krabbe

Serverer 4

45 ml/3 ss peanøttolje

3 løk (løk), hakket

1 skivet ingefærrot, hakket

225 g/8 oz krabbekjøtt

15 ml/1 ss risvin eller tørr sherry

30 ml/2 ss kylling- eller fiskekraft

15 ml/1 ss soyasaus

5 ml/1 ts brunt sukker

5 ml/1 ts vineddik

nykvernet pepper

10 ml/2 ts maismel (maisstivelse)

225 g/8 oz skallede reker

Varm opp 30 ml/2 ss olje og stek løken og ingefæren til den er lett brun. Tilsett krabbekjøttet og stek i 2 minutter. Tilsett vin eller sherry, kraft, soyasaus, sukker og eddik og smak til med pepper. Stek under omrøring i 3 minutter. Bland maismelet med litt vann og rør inn i sausen. La det småkoke under omrøring til sausen tykner. Varm samtidig opp resten av oljen i en egen panne og rørstek rekene noen ganger minutter til den er gjennomvarmet. Fordel krabbeblandingen på et oppvarmet serveringsfat og topp med rekene.

Reker med agurk

Serverer 4

225 g/8 oz skallede reker

salt og nykvernet pepper

15 ml/1 ss maismel (maisstivelse)

1 agurk

45 ml/3 ss peanøttolje

2 fedd hvitløk, knust

1 løk, finhakket

15 ml/1 ss risvin eller tørr sherry

2 skiver ingefærrot, hakket

Krydre rekene med salt og pepper og dryss over maismel. Skrell og frø agurken og skjær den i tykke skiver. Varm opp halvparten av oljen og stek hvitløk og løk til de er lett brune. Tilsett rekene og sherryen og stek i 2 minutter, og fjern deretter ingrediensene fra pannen. Varm opp den resterende oljen og stek ingefæren i 1 minutt. Tilsett agurken og stek i 2 minutter. Ha rekeblandingen tilbake i pannen og stek til den er godt blandet og gjennomvarmet.

Reke karri

Serverer 4

45 ml/3 ss peanøttolje
4 løkløk (skålløk), i skiver
30 ml/2 ss karripulver
2,5 ml/¬Ω teskje salt
120 ml/4 fl oz/¬Ω kopp kyllingkraft
450 g/1 lb skallede reker

Varm oljen og stek løken i 30 sekunder. Tilsett karri og salt og stek i 1 minutt. Tilsett buljongen, kok opp og la det småkoke i 2 minutter under omrøring. Tilsett rekene og varm dem forsiktig gjennom.

Reker og soppkarri

Serverer 4

5 ml/1 ts soyasaus

5 ml/1 ts risvin eller tørr sherry

225 g/8 oz skallede reker

30 ml/2 ss peanøttolje

2 fedd hvitløk, knust

1 skive ingefærrot, finhakket

1 løk, i skiver

100g/4oz knappsopp

100 g ferske eller frosne erter

15 ml/1 ss karripulver

15 ml/1 ss maismel (maisstivelse)

150 ml/¬° pt/slag ¬Ω kopp kyllingkraft

Bland sammen soyasaus, vin eller sherry og reker. Varm olje med hvitløk og ingefær og stek til den er lett brun. Tilsett løk, sopp og erter og stek i 2 minutter. Tilsett karri og maismel og stek i 2 minutter. Tilsett buljong litt etter litt, la det koke opp, dekk med lokk og la det småkoke i 5 minutter, rør av og til. Tilsett reker og marinade, dekk til og la det småkoke i 2 minutter.

Stekte reker

Serverer 4

450 g/1 lb skallede reker

30 ml/2 ss risvin eller tørr sherry

5 ml / 1 ts salt

olje til steking

soyasaus

Kast rekene i vinen eller sherryen og dryss over salt. La stå i 15 minutter, tøm deretter og tørk. Varm oljen og stek rekene i noen sekunder til de er sprø. Server drysset med soyasaus.

Stekt røre reker

Serverer 4

50 g/2 oz/¬Ω kopp vanlig (all-purpose) mel

2,5 ml/¬Ω teskje salt

1 egg, litt pisket

30 ml/2 ss vann

450 g/1 lb skallede reker

olje til steking

Pisk mel, salt, egg og vann til en deig, tilsett eventuelt litt mer vann. Kast med reker til de er godt dekket. Varm oljen og stek rekene i noen minutter til de er sprø og gylne.

Rekeboller med tomatsaus

Serverer 4

900g/2lb skallede reker

450g/1lb hakket (kvernet) torsk

4 egg, pisket

50 g/2 oz/¬Ω kopp maismel (maisstivelse)

2 fedd hvitløk, knust

30 ml/2 ss soyasaus

15 ml/1 ss sukker

15 ml/1 ss peanøttolje

Til sausen:

30 ml/2 ss peanøttolje

100g/4oz hakket løk (løk).

100 g/4 oz sopp, hakket

100 g skinke, i terninger

2 stilker selleri, hakket

200 g/7 oz tomater, skrellet og i terninger

300 ml/¬Ω pt/1¬° kopp vann

salt og nykvernet pepper

15 ml/1 ss maismel (maisstivelse)

Finhakk rekene og bland med torsken. Bland inn egg, maismel, hvitløk, soyasaus, sukker og olje. Kok opp en stor kjele med vann og slipp skjeer av blandingen i kjelen. Kok opp igjen og la det småkoke i noen minutter til dumplingsene flyter til overflaten. Tøm godt. For å tilberede sausen, varm opp oljen og stek løkløken til den er myk, men ikke brun. Tilsett soppen og stek i 1 minutt, tilsett deretter skinke, selleri og tomater og stek i 1 minutt. Tilsett vann, la det koke opp og smak til med salt og pepper. Dekk til og la det småkoke i 10 minutter, rør av og til. Bland maismelet med litt vann og rør inn i sausen. La det småkoke i noen minutter under omrøring til sausen klarner og tykner. Server med dumplings.

Reker og eggekopper

Serverer 4

15 ml/1 ss sesamolje
8 pillede kjempereker
1 rød chilipepper, hakket
2 løk (løk), hakket
30 ml/2 ss hakket abalone (valgfritt)
8 egg
15 ml/1 ss soyasaus
salt og nykvernet pepper
noen kvister flatbladpersille

Bruk sesamolje til å smøre 8 ramekins. Legg en reke i hver rett, sammen med litt chili, løk og abalone, hvis du bruker. Knekk ett egg i hver bolle og smak til med soyasaus, salt og pepper. Legg ramekins på en bakeplate og stek i en forvarmet ovn ved 200¬∞ C/400¬∞ F/gass mark 6 i ca 15 minutter, til eggene er stivnet og litt sprø på toppen. Ha dem forsiktig over på et oppvarmet serveringsfat og pynt med persille.

Eggruller med reker

Serverer 4

225 g/8 oz bønner

30 ml/2 ss peanøttolje

4 stilker selleri, hakket

100 g/4 oz sopp, hakket

225 g/8 oz skallede reker, i terninger

15 ml/1 ss risvin eller tørr sherry

2,5 ml/¬Ω teskje maismel (maisstivelse)

2,5 ml/¬Ω teskje salt

2,5 ml/¬Ω teskje sukker

12 eggrullskinn

1 egg, pisket

olje til steking

Blancher bønnene i 2 minutter i kokende vann og hell av. Varm opp oljen og rør sellerien i 1 minutt. Tilsett soppen og stek i 1 minutt. Tilsett reker, vin eller sherry, maismel, salt og sukker og stek i 2 minutter. La avkjøle.

Legg litt fyll i midten av hvert skinn og pensle kantene med sammenvispet egg. Brett kantene inn og rull eggerullen vekk fra deg, forsegl kantene med egget. Varm olje og stek til den er gyldenbrun.

Reker i Fjernøsten-stil

Serverer 4

16,Äì20 skrellede kjempereker

Saft av 1 sitron

120 ml/4 fl oz/¬Ω kopp tørr hvitvin

30 ml/2 ss soyasaus

30 ml/2 ss honning

15 ml/1 ss revet sitronskall

salt og pepper

45 ml/3 ss peanøttolje

1 fedd hvitløk, hakket

6 løk (skålløk), kuttet i strimler

2 gulrøtter, kuttet i strimler

5 ml/1 ts fem krydderpulver

5 ml/1 ts maismel (maisstivelse)

Bland rekene med sitronsaft, vin, soyasaus, honning og sitronskall og smak til med salt og pepper. Dekk til og mariner i 1 time. Varm oljen og stek hvitløken til den er lett brun. Tilsett grønnsakene og stek til de er myke, men fortsatt sprø. Tøm rekene, legg i pannen og stek i 2 minutter. Press marinade og bland det med fem krydderpulver og maismel. Tilsett woken, bland godt og kok opp.

Reker Foo Yung

Serverer 4

6 egg, pisket

45 ml/3 ss maismel (maisstivelse)

225 g/8 oz skallede reker

100 g/4 oz sopp, i skiver

5 ml / 1 ts salt

2 løk (løk), hakket

45 ml/3 ss peanøttolje

Pisk eggene og bland deretter inn maismelet. Tilsett alle de resterende ingrediensene unntatt olje. Varm oljen og hell blandingen litt om gangen i en panne for å danne pannekaker på ca 7,5 cm/3 i diameter. Stek til bunnen er gyllenbrun, snu og brun deretter den andre siden.

Reker Frites

Serverer 4

12 store ukokte reker

1 egg, pisket

30 ml/2 ss maismel (maisstivelse)

en klype salt

en klype pepper

3 brødskiver

1 hardkokt (hardkokt) eggeplomme, hakket

25 g/1 oz kokt skinke, hakket

1 løk (løk), hakket

olje til steking

Fjern skjellene og bakribbene fra rekene, og la halene være intakte. Skjær av baksiden av rekene med en skarp kniv og flat dem forsiktig ut. Pisk egg, maismel, salt og pepper. Kast rekene i blandingen til de er helt belagt. Fjern skorpen fra brødet og del det i fire. Legg en reke på hvert stykke, kutt siden ned og press ned. Pensle litt av eggedosisen på toppen av hver reke og strø over eggeplomme, skinke og løk. Varm oljen og stek rekebrødbitene i omganger til de er gylne. Hell av på kjøkkenpapir og server varm.

Stekte reker i saus

Serverer 4

75 g/3 oz hopet ¬° kopp maismel (maisstivelse)

¬Ω egg, pisket

5 ml/1 ts risvin eller tørr sherry

salt

450 g/1 lb skallede reker

45 ml/3 ss peanøttolje

5 ml/1 ts sesamolje

1 fedd hvitløk, knust

1 skive ingefærrot, hakket

3 løkløk (skålløk), i skiver

15 ml/1 ss fiskekraft

5 ml/1 ts vineddik

5 ml/1 ts sukker

For å lage deigen, bland maismel, egg, vin eller sherry og en klype salt. Dypp rekene i røren slik at de er lett belagt. Varm oljen og stek rekene til de er sprø på utsiden. Ta dem ut av pannen og tøm oljen. Varm sesamolje i en panne, tilsett reker, hvitløk, ingefær og løk og rørstek i 3 minutter. Kombiner kraft, vineddik og sukker, bland godt og varm gjennom før servering.

Posjerte reker med skinke og tofu

Serverer 4

30 ml/2 ss peanøttolje
225 g/8 oz tofu, i terninger
600 ml/1 pt/2¬Ω kopp kyllingkraft
100 g røkt skinke, i terninger
225 g/8 oz skallede reker

Varm oljen og stek tofuen til den er lett brun. Fjern fra pannen og tøm. Varm opp buljongen, tilsett tofu og skinke og la det småkoke på lav varme i ca 10 minutter til tofuen er kokt. Tilsett rekene og la det småkoke i ytterligere 5 minutter til de er gjennomvarme. Server i dype boller.

Reker i hummersaus

Serverer 4

45 ml/3 ss peanøttolje

2 fedd hvitløk, knust

5 ml/1 ts hakkede sorte bønner

100 g/4 oz hakket svinekjøtt (kvernet).

450 g/1 lb skallede reker

15 ml/1 ss risvin eller tørr sherry

300 ml/¬Ω pt/1¬° kopp kyllingkraft

30 ml/2 ss maismel (maisstivelse)

2 egg, pisket

15 ml/1 ss soyasaus

2,5 ml/¬Ω teskje salt

2,5 ml/¬Ω teskje sukker

2 løk (løk), hakket

Varm oljen og stek hvitløk og sorte bønner til hvitløken er lett brunet. Tilsett svinekjøttet og stek til det er brunt. Tilsett rekene og stek i 1 minutt. Tilsett sherryen, dekk til og la det småkoke i 1 minutt. Tilsett kraft og maismel, kok opp under omrøring, dekk til og la det småkoke i 5 minutter. Tilsett eggene, rør hele tiden for å danne strenger. Tilsett soya saus, salt, sukker og vårløk og la det småkoke noen minutter før servering.

Marinert abalone

Serverer 4

450g/1lb hermetisk abalone

45 ml/3 ss soyasaus

30 ml/2 ss vineddik

5 ml/1 ts sukker

noen dråper sesamolje

Tøm abalonen og skjær i tynne skiver eller skjær i strimler.

Bland resten av ingrediensene, hell over abalonen og bland godt.

Dekk til og avkjøl i 1 time.

Braiserte bambusskudd

Serverer 4

60 ml/4 ss peanøttolje

225g/8oz bambusskudd, kuttet i strimler

60 ml/4 ss kyllingkraft

15 ml/1 ss soyasaus

5 ml/1 ts sukker

5 ml/1 ts risvin eller tørr sherry

Varm opp oljen og rør bambusskuddene i 3 minutter. Bland kraft, soyasaus, sukker og vin eller sherry og tilsett i pannen. Dekk til og la det småkoke i 20 minutter. Avkjøl og avkjøl før servering.

Kylling med agurk

Serverer 4

1 agurk, skrelt og frø
225 g/8 oz kokt kylling, strimlet
5 ml/1 ts sennepspulver
2,5 ml/¬Ω teskje salt
30 ml/2 ss vineddik

Skjær agurken i strimler og legg den på et flatt serveringsfat. Legg kyllingen på toppen. Bland sammen sennep, salt og vineddik og skje over kyllingen rett før servering.

Kylling Sesam

Serverer 4

350 g/12 oz kokt kylling
120 ml/4 fl oz/¬Ω kopp vann
5 ml/1 ts sennepspulver
15 ml/1 ss sesamfrø
2,5 ml/¬Ω teskje salt
en klype sukker
45 ml/3 ss hakket fersk koriander
5 løk (løk), hakket
¬Ω salat, hakket

Riv kyllingen i tynne skiver. Bland akkurat nok vann inn i sennepen til å lage en jevn pasta og bland den inn i kyllingen. Rist sesamfrøene i en tørr panne til de er lett gylne, legg dem deretter i kyllingen og dryss over salt og sukker. Tilsett halvparten av persillen og løken og bland godt. Anrett salaten på et serveringsfat, topp med kyllingblandingen og pynt med resten av persillen.

Litchi med ingefær

Serverer 4

1 stor vannmelon, halvert og med frø
450g/1lb hermetisk litchi, drenert
5 cm/2 stilk ingefær, i skiver
noen mynteblader

Fyll melonhalvdelene med litchi og ingefær, pynt med mynteblader. Avkjøl før servering.

Kyllingvinger kokte røde

Serverer 4

8 kyllingvinger
2 løk (løk), hakket
75 ml/5 ss soyasaus
120 ml/4 fl oz/¬Ω kopp vann
30 ml/2 ss brunt sukker

Kutt av og kast de benete endene av kyllingvingene og del dem i to. Ha i en panne sammen med resten av ingrediensene, kok opp, dekk til og la det småkoke i 30 minutter. Ta av lokket og la det småkoke i ytterligere 15 minutter, vask ofte. Avkjøl og avkjøl før servering.

Krabbekjøtt med agurk

Serverer 4

100 g/4 oz krabbekjøtt, i flak
2 agurker, skrelt og hakket
1 skive ingefærrot, hakket
15 ml/1 ss soyasaus
30 ml/2 ss vineddik
5 ml/1 ts sukker
noen dråper sesamolje

Legg krabbekjøttet og agurkene i en bolle. Bland resten av ingrediensene, hell over krabbekjøttblandingen og pisk godt. Dekk til og avkjøl i 30 minutter før servering.

Marinert sopp

Serverer 4

225 g/8 oz knappsopp
30 ml/2 ss soyasaus
15 ml/1 ss risvin eller tørr sherry
en klype salt
noen dråper tabascosaus
noen dråper sesamolje

Blancher soppen i kokende vann i 2 minutter, renn av og tørk. Ha i en bolle og hell over resten av ingrediensene. Bland godt og avkjøl før servering.

Marinert hvitløkssopp

Serverer 4

225 g/8 oz knappsopp

3 fedd hvitløk, knust

30 ml/2 ss soyasaus

30 ml/2 ss risvin eller tørr sherry

15 ml/1 ss sesamolje

en klype salt

Ha soppen og hvitløken i et dørslag, hell over kokende vann og la stå i 3 minutter. Tørk av og tørk godt. Bland resten av ingrediensene, hell marinaden over soppen og la marinere i 1 time.

Reker og blomkål

Serverer 4

225 g/8 oz blomkålbuketter

100 g / 4 oz skallede reker

15 ml/1 ss soyasaus

5 ml/1 ts sesamolje

Kok blomkålen delvis i ca 5 minutter, til den er mør, men fortsatt sprø. Bland med reker, dryss over soyasaus og sesamolje og bland. Avkjøl før servering.

Sesamskinkepinner

Serverer 4

225g/8oz skinke, kuttet i strimler

10 ml/2 ts soyasaus

2,5 ml/½ ts sesamolje

Legg skinken på et serveringsfat. Bland soyasaus og sesamolje, dryss på skinken og server.

Kald tofu

Serverer 4

450g/1lb tofu, i skiver
45 ml/3 ss soyasaus
45 ml/3 ss peanøttolje
nykvernet pepper

Legg tofuen, noen skiver om gangen, på et dørslag og dypp i kokende vann i 40 sekunder, renn av og legg den på et serveringsfat. La avkjøle. Bland soyasaus og olje sammen, dryss tofu på toppen og server drysset med pepper.

Kylling med bacon

Serverer 4

225 g/8 oz kylling, veldig tynne skiver

75 ml/5 ss soyasaus

15 ml/1 ss risvin eller tørr sherry

1 fedd hvitløk, knust

15 ml/1 ss brunt sukker

5 ml / 1 ts salt

5 ml/1 ts hakket ingefærrot

225 g/8 oz magert bacon, i terninger

100g/4oz vannkastanjer, veldig tynne skiver

30 ml/2 ss honning

Legg kyllingen i en bolle. Bland 45ml/3 ss soyasaus med vin eller sherry, hvitløk, sukker, salt og ingefær, hell over kyllingen og mariner i ca 3 timer. Legg kyllingen, baconet og kastanjene på kebabpinnene. Bland resten av soyasausen med honning og pensle over kebabene. Grill (stek) på varm grill i ca. 10 minutter til den er gjennomstekt, vend ofte og pensle med glasur mens den stekes.

Kylling og banan frites

Serverer 4

2 kokte kyllingbryst

2 harde bananer

6 brødskiver

4 egg

120 ml/4 fl oz/¬Ω kopp melk

50 g/2 oz/¬Ω kopp vanlig (all-purpose) mel

225 g/8 oz/4 kopper ferske brødsmuler

olje til steking

Skjær kyllingen i 24 biter. Skrell bananene og del dem i fire på langs. Kutt hver fjerdedel i tredjedeler for å lage 24 stykker. Skjær skorpene av brødet og skjær det i kvarte. Pisk egg og melk og pensle på den ene siden av deigen. Legg ett stykke kylling og ett stykke banan på den eggbelagte siden av hvert brød. Dekk rutene lett med mel, dypp deretter i egg og dekk med brødsmuler. Dypp igjen i egget og brødsmulene. Varm oljen og stek noen firkanter om gangen til de er gyldenbrune. Hell av på tørkepapir før servering.

Kylling med ingefær og sopp

Serverer 4

225 g/8 oz kyllingbrystfileter

5 ml/1 ts fem krydderpulver

15 ml/1 ss vanlig (all-purpose) mel

120 ml/4 fl oz/¬Ω kopp peanøttolje

4 sjalottløk, halvert

1 fedd hvitløk, i skiver

1 skive ingefærrot, hakket

25 g/1 oz/¬° kopp cashewnøtter

5 ml/1 ts honning

15 ml/1 ss rismel

75 ml/5 ss risvin eller tørr sherry

100 g/4 oz sopp, delt i kvarte

2,5 ml/¬Ω ts gurkemeie

6 gule chilipepper, halvert

5 ml/1 ts soyasaus

¬Ω limejuice

salt og pepper

4 sprø salatblader

Skjær kyllingbrystet diagonalt over bladet i tynne strimler. Dryss fem krydderpulver og dryss lett med mel. Varm 15 ml/1 ss olje og rør kyllingen til den er gyldenbrun. Fjern fra pannen. Varm opp litt mer olje og rør sjalottløk, hvitløk, ingefær og cashewnøtter i 1 minutt. Tilsett honningen og bland til grønnsakene er dekket. Dryss over mel, og rør deretter inn vin eller sherry. Tilsett sopp, gurkemeie og chili og stek i 1 minutt. Tilsett kylling, soyasaus, saft av en halv lime, salt og pepper og varm gjennom. Fjern fra pannen og hold varm. Varm opp litt mer olje, tilsett salatbladene og stek raskt, smak til med salt og pepper og resten av limesaften. Legg salatbladene på et oppvarmet serveringsfat, topp med kjøtt og grønnsaker og server.

Kylling og skinke

Serverer 4

225 g/8 oz kylling, veldig tynne skiver

75 ml/5 ss soyasaus

15 ml/1 ss risvin eller tørr sherry

15 ml/1 ss brunt sukker

5 ml/1 ts hakket ingefærrot

1 fedd hvitløk, knust

225 g/8 oz kokt skinke, i terninger

30 ml/2 ss honning

Legg kyllingen i en bolle med 45ml/3 ss soyasaus, vin eller sherry, sukker, ingefær og hvitløk. La marinere i 3 timer. Legg kyllingen og skinken på kebabpinnene. Bland resten av soyasausen med honning og pensle over kebabene. Grill (stek) på varm grill i ca. 10 minutter, vend ofte og pensle med glasur mens den koker.

Grillet kyllinglever

Serverer 4

450g/1lb kyllinglever
45 ml/3 ss soyasaus
15 ml/1 ss risvin eller tørr sherry
15 ml/1 ss brunt sukker
5 ml / 1 ts salt
5 ml/1 ts hakket ingefærrot
1 fedd hvitløk, knust

Kok kyllingleverene i kokende vann i 2 minutter, og la dem renne godt av. Ha i en bolle med alle andre ingredienser unntatt olje og mariner i ca 3 timer. Legg kyllinglever på kebabpinner og grill (stek) på varm grill i ca 8 minutter, til de er gyldenbrune.

Krabbekuler med vannkastanjer

Serverer 4

450g/1lb krabbekjøtt, hakket

100 g/4 oz vannkastanjer, hakket

1 fedd hvitløk, knust

1 cm/¬Ω skivet ingefærrot, hakket

45 ml/3 ss maismel (maisstivelse)

30 ml/2 ss soyasaus

15 ml/1 ss risvin eller tørr sherry

5 ml / 1 ts salt

5 ml/1 ts sukker

3 egg, pisket

olje til steking

Bland alle ingrediensene unntatt olje og form til små kuler. Varm oljen og stek krabbekulene til de er gyldenbrune. Tøm godt før servering.

Dim Sum

Serverer 4

100 g/4 oz skallede reker, i terninger
225 g/8 oz magert svinekjøtt, finhakket
50 g/2 oz kinakål, finhakket
3 løk (løk), hakket
1 egg, pisket
30 ml/2 ss maismel (maisstivelse)
10 ml/2 ts soyasaus
5 ml/1 ts sesamolje
5 ml/1 ts østerssaus
24 wonton skinn
olje til steking

Bland sammen reker, svinekjøtt, kål og løk. Bland inn egg, maismel, soyasaus, sesamolje og østerssaus. Plasser en skje med blanding i midten av hver wonton-skinn. Trykk forsiktig på omslagene rundt fyllet, press kantene sammen, men la toppen være løs. Varm olje og stek dim sum noen ganger om gangen til den er gyldenbrun. Hell godt av og server varmt.

Skinke og kyllingruller

Serverer 4

2 kyllingbryst

1 fedd hvitløk, knust

2,5 ml/¬Ω teskje salt

2,5 ml/¬Ω ts fem krydderpulver

4 skiver kokt skinke

1 egg, pisket

30 ml/2 ss melk

25 g/1 oz/¬° kopp vanlig (all-purpose) mel

4 eggrullskinn

olje til steking

Skjær kyllingbrystene i to. Knus dem veldig tynt. Bland hvitløk, salt og femkrydderpulver og dryss over kyllingen. Legg en skinkeskive på toppen av hvert kyllingstykke og pakk dem godt inn. Bland egg og melk. Mel kyllingbitene lett og dypp dem deretter i eggedosisen. Legg hvert stykke eggrull på skinnet og pensle kantene med sammenvispet egg. Brett sidene og rull sammen, klem kantene. Varm oljen og stek rundstykkene i ca 5 minutter til de er gylne brun og stek gjennom. Hell av på kjøkkenpapir og skjær i tykke diagonale skiver til servering.

Bakt skinke omsetninger

Serverer 4

350 g/12 oz/3 kopper vanlig (all-purpose) mel
175 g/6 oz/¬œ kopp smør
120 ml/4 fl oz/¬Ω kopp vann
225 g skinke, i terninger
100g/4oz bambusskudd, hakket
2 løk (løk), hakket
15 ml/1 ss soyasaus
30 ml/2 ss sesamfrø

Ha melet i en bolle og gni inn smøret. Bland vannet til en deig. Kjevle ut deigen og skjær i 5 cm/2 sirkler. Bland alle de resterende ingrediensene unntatt sesamfrøene og legg en skje på hver sirkel. Pensle kantene på deigen med vann og forsegl. Pensle utsiden med vann og dryss over sesamfrø. Stek i en forvarmet ovn ved 180¬∞C/350¬∞F/gassmerke 4 i 30 minutter.

Pseudo røkt fisk

Serverer 4

1 havabbor

3 skiver ingefærrot, i skiver

1 fedd hvitløk, knust

1 løk (løk), tykke skiver

75 ml/5 ss soyasaus

30 ml/2 ss risvin eller tørr sherry

2,5 ml/½ ts malt anis

2,5 ml/½ ts sesamolje

10 ml/2 ts sukker

120 ml/4 fl oz/½ kopp buljong

olje til steking

5 ml/1 ts maismel (maisstivelse)

Trim fisken og skjær over kornet i 5 mm (¼° tomme) skiver. Bland sammen ingefær, hvitløk, løkløk, 60 ml/4 ss soyasaus, sherry, anis og sesamolje. Hell over fisken og bland forsiktig. La stå i 2 timer, snu av og til.

Hell marinaden i pannen og tørk fisken på tørkepapir. Tilsett sukker, kraft og resten av soyasausen marinade, kok opp og kok i 1 minutt. Hvis sausen må tykne, bland maismel med litt kaldt vann, rør inn i sausen og la det småkoke under omrøring til sausen tykner.

Varm samtidig opp oljen og stek fisken til den er gyldenbrun. Tøm godt. Dypp fiskestykkene i marinaden og legg dem på et oppvarmet serveringsfat. Serveres varm eller kald.

Fylte sopp

Serverer 4

12 store tørkede sopphatter
225 g/8 oz krabbekjøtt
3 vannkastanjer, hakket
2 vårløk (løk), finhakket
1 eggehvite
15 ml/1 ss maismel (maisstivelse)
15 ml/1 ss soyasaus
15 ml/1 ss risvin eller tørr sherry

Bløtlegg soppen over natten i varmt vann. Klem tørt. Bland de resterende ingrediensene og bruk til å fylle sopphettene. Legg på en damprist og damp i 40 minutter. Serveres varm.

Østerssaus sopp

Serverer 4

10 tørkede kinesiske sopp

250 ml/8 fl oz/1 kopp storfekjøttkraft

15 ml/1 ss maismel (maisstivelse)

30ml/2 ss østerssaus

5 ml/1 ts risvin eller tørr sherry

Bløtlegg soppen i varmt vann i 30 minutter, tøm deretter av, og behold 250 ml/8 fl oz/1 kopp av bløtleggingsvæsken. Kast stilkene. Bland 60 ml/4 ss oksekraft med maismel for å lage en pasta. Kok opp resten av kjøttkraften sammen med sopp og soppvæske, legg på lokk og la det småkoke i 20 minutter. Fjern soppen fra væsken med en skje og ha over på en varm serveringsfat. Tilsett østerssausen og sherryen i pannen og la det småkoke i 2 minutter under omrøring. Rør inn maismelpastaen og la det småkoke under omrøring til sausen tykner. Hell over soppen og server med en gang.

Svinekjøtt og salatruller

Serverer 4

4 tørkede kinesiske sopp
15 ml/1 ss peanøttolje
225 g/8 oz magert svinekjøtt, i terninger
100g/4oz bambusskudd, hakket
100 g/4 oz vannkastanjer, hakket
4 løk (skålløk), hakket
175 g/6 oz krabbekjøtt, i flak
30 ml/2 ss risvin eller tørr sherry
15 ml/1 ss soyasaus
10 ml/2 ts østerssaus
10 ml/2 ts sesamolje
9 kinesiske sider

Bløtlegg soppen i varmt vann i 30 minutter og la den renne av. Kast stilkene og hakk hettene. Varm opp oljen og stek svinekjøttet i 5 minutter. Tilsett sopp, bambusskudd, vannkastanjer, løk og krabbekjøtt og stek i 2 minutter. Kombiner vin eller sherry, soyasaus, østerssaus og sesamolje og rør inn i pannen. Fjern fra varme. I mellomtiden blancherer du de kinesiske bladene i kokende vann i 1 minutt drenering. Legg skjeer av svinekjøttblandingen i midten av hvert blad, brett opp sidene og rull sammen til servering.

Svinekjøtt og kastanjekjøttboller

Serverer 4

450g/1lb hakket svinekjøtt (kvernet).

50 g/2 oz sopp, finhakket

50g/2oz vannkastanjer, finhakket

1 fedd hvitløk, knust

1 egg, pisket

30 ml/2 ss soyasaus

15 ml/1 ss risvin eller tørr sherry

5 ml/1 ts hakket ingefærrot

5 ml/1 ts sukker

salt

30 ml/2 ss maismel (maisstivelse)

olje til steking

Bland sammen alle ingrediensene unntatt maismelet og form små kuler av blandingen. Rull i maismel. Varm oljen og stek kjøttbollene i ca 10 minutter til de er gyldenbrune. Tøm godt før servering.

Svineboller

Serverer 4,Äì6

450 g/1 lb vanlig (all-purpose) mel

500 ml / 17 fl oz / 2 kopper vann

450g/1lb kokt svinekjøtt, hakket

225 g/8 oz skallede reker, i terninger

4 stilker selleri, hakket

15 ml/1 ss soyasaus

15 ml/1 ss risvin eller tørr sherry

15 ml/1 ss sesamolje

5 ml / 1 ts salt

2 vårløk (løk), finhakket

2 fedd hvitløk, knust

1 skive ingefærrot, hakket

Bland mel og vann sammen til en myk deig og elt godt. Dekk til og la stå i 10 minutter. Kjevle deigen så tynn som mulig og skjær i 5 cm/2 sirkler. Bland alle de resterende ingrediensene sammen. Legg skjeer av blandingen på hver sirkel, fukt kantene og forsegl til en halvsirkel. La vannet koke i en kjele og legg dumplings forsiktig i vannet.

Rissoles av svin og kalvekjøtt

Serverer 4

100 g/4 oz hakket svinekjøtt (kvernet).

100 g/4 oz hakket (kvernet) kalvekjøtt

1 skive stripete bacon, hakket (kvernet)

15 ml/1 ss soyasaus

salt og pepper

1 egg, pisket

30 ml/2 ss maismel (maisstivelse)

olje til steking

Bland sammen kjøttdeig og bacon og smak til med salt og pepper. Bind sammen med egget, form kuler på størrelse med valnøtt og strø maismel over. Varm olje og stek til den er gyldenbrun. Tøm godt før servering.

Sommerfugl reker

Serverer 4

450g/1lb store skrellede reker

15 ml/1 ss soyasaus

5 ml/1 ts risvin eller tørr sherry

5 ml/1 ts hakket ingefærrot

2,5 ml/¬Ω teskje salt

2 egg, pisket

30 ml/2 ss maismel (maisstivelse)

15 ml/1 ss vanlig (all-purpose) mel

olje til steking

Skjær rekene i to fra baksiden og spred ut til en sommerfuglform. Bland soyasaus, vin eller sherry, ingefær og salt sammen. Hell over rekene og la marinere i 30 minutter. Fjern fra marinaden og tørk. Pisk egget med maismel og mel til en røre og dypp rekene i røren. Varm oljen og stek rekene til de er gyldenbrune. Tøm godt før servering.

Kinesiske reker

Serverer 4

450 g/1 lb uskrellede reker
30 ml/2 ss Worcestershiresaus
15 ml/1 ss soyasaus
15 ml/1 ss risvin eller tørr sherry
15 ml/1 ss brunt sukker

Legg rekene i en bolle. Bland sammen resten av ingrediensene, hell over rekene og la marinere i 30 minutter. Overfør til en bakeform og stek i en forvarmet ovn ved 150¬∞C/300¬∞F/gassmerke 2 i 25 minutter. Serveres varm eller kald i skjell for gjestene å skrelle selv.

Rekekjeks

Serverer 4

100 g/4 oz rekekjeks
olje til steking

Varm oljen veldig varm. Tilsett rekekjeks en håndfull av gangen og stek i noen sekunder til de er oppblåste. Ta av oljen og la renne av på kjøkkenpapir til du fortsetter å steke kjeksene.

Sprø reker

Serverer 4

450g/1lb skrellede tigerreker
15 ml/1 ss risvin eller tørr sherry
10 ml/2 ts soyasaus
5 ml/1 ts fem krydderpulver
salt og pepper
90 ml/6 ss maismel (maisstivelse)
2 egg, pisket
100 g/4 oz brødsmuler
peanøttolje til steking

Bland rekene med vin eller sherry, soyasaus og femkrydderpulver og smak til med salt og pepper. Kast dem i maismel, pensle deretter med sammenvispet egg og brødsmuler. Stek i varm olje i noen minutter til den er lett brun, la den renne av og server umiddelbart.

Reker med ingefærsaus

Serverer 4

15 ml/1 ss soyasaus

5 ml/1 ts risvin eller tørr sherry

5 ml/1 ts sesamolje

450 g/1 lb skallede reker

30 ml/2 ss hakket fersk persille

15 ml/1 ss vineddik

5 ml/1 ts hakket ingefærrot

Bland soyasaus, vin eller sherry og sesamolje sammen. Hell over rekene, dekk til og la marinere i 30 minutter. Grill rekene i noen minutter til de er akkurat gjennomstekt, og dryss med marinaden. I mellomtiden, for å servere med rekene, bland sammen persille, vineddik og ingefær.

Reker og nudleruller

Serverer 4

50 g eggnudler, delt i biter

15 ml/1 ss peanøttolje

50 g/2 oz magert svinekjøtt, finhakket

100 g/4 oz sopp, hakket

3 løk (løk), hakket

100 g/4 oz skallede reker, i terninger

15 ml/1 ss risvin eller tørr sherry

salt og pepper

24 wonton skinn

1 egg, pisket

olje til steking

Kok nudlene i kokende vann i 5 minutter, la dem renne av og hakk dem. Varm opp oljen og stek svinekjøttet i 4 minutter. Tilsett sopp og løk og stek i 2 minutter, og fjern deretter fra varmen. Rør inn reker, vin eller sherry og nudler og smak til med salt og pepper. Legg skjeer av blandingen i midten av hvert wontonskinn og pensle kantene med sammenpisket egg. Brett kantene over og rull opp omslagene, forsegle kantene. Varm oljen og stek rundstykkene a noen av gangen i ca 5 minutter til de er gylne. Hell av på tørkepapir før servering.

Reke Toasts

Serverer 4

2 egg 450 g/1 lb avskallede reker, hakket

15 ml/1 ss maismel (maisstivelse)

1 løk, finhakket

30 ml/2 ss soyasaus

15 ml/1 ss risvin eller tørr sherry

5 ml / 1 ts salt

5 ml/1 ts hakket ingefærrot

8 brødskiver, kuttet i trekanter

olje til steking

Bland 1 egg med alle de resterende ingrediensene unntatt brød og olje. Hell blandingen på brødtrekantene og trykk inn i en kuppel. Pensle med det resterende egget. Varm opp ca 5 cm/2 tommer olje og stek brødtrekantene til de er gyldenbrune. Tøm godt før servering.

Svinekjøtt og reker wontons med sursøt saus

Serverer 4

120 ml/4 fl oz/¬Ω kopp vann

60 ml/4 ss vineddik

60 ml/4 ss brunt sukker

30 ml/2 ss tomatpuré (pasta)

10 ml/2 ts maismel (maisstivelse)

25 g/1 oz sopp, hakket

25 g/1 oz skallede reker, i terninger

50 g/2 oz magert svinekjøtt, i terninger

2 løk (løk), hakket

5 ml/1 ts soyasaus

2,5 ml/¬Ω ts revet ingefærrot

1 fedd hvitløk, knust

24 wonton skinn

olje til steking

Bland vann, vineddik, sukker, tomatpuré og maismel i en liten kjele. Kok opp under konstant omrøring, og kok deretter i 1 minutt. Fjern fra varmen og hold varm.

Bland sopp, reker, svinekjøtt, løk, soyasaus, ingefær og hvitløk. Legg en skje fyll på hvert skinn, pensle kantene med vann og press sammen. Varm oljen og stek wontons noen ganger om gangen til de er gyldenbrune. Hell av på kjøkkenpapir og server varm med sursøt saus.

Kylling buljong

Gir 2 liter / 3½ poeng / 8½ kopper

1,5 kg/2 lb kokte eller rå kyllingbein
450g/1lb svinekjøttben
1 cm/½ stykke ingefærrot
3 løkløk (skålløk), i skiver
1 fedd hvitløk, knust
5 ml / 1 ts salt
2,25 liter / 4 poeng / 10 kopper vann

Kok opp alle ingrediensene, dekk til og la det småkoke i 15 minutter. Fjern fettet. Dekk til og la det småkoke i 1½ time. Sil, avkjøl og skrell. Frys ned i små porsjoner eller kjøl og bruk innen 2 dager.

Bønne- og svinesuppe

Serverer 4

450 g/1 lb svinekjøtt, i terninger

1,5 L/2½ pt/6 kopper kyllingkraft

5 skiver ingefærrot

350 g/12 oz bønner

15 ml / 1 ss salt

Blancher svinekjøttet i kokende vann i 10 minutter og la det renne av. Kok opp buljongen og tilsett svinekjøtt og ingefær. Dekk til og la det småkoke i 50 minutter. Tilsett bønner og salt og la det småkoke i 20 minutter.

Abalone og soppsuppe

Serverer 4

60 ml/4 ss peanøttolje

100g/4oz magert kjøtt, kuttet i strimler

225 g/8 oz hermetisk abalone, kuttet i strimler

100 g/4 oz sopp, i skiver

2 stangselleri, i skiver

50 g skinke, kuttet i strimler

2 løk, i skiver

1,5 l / 2½ pkt / 6 kopper vann

30 ml/2 ss vineddik

45 ml/3 ss soyasaus

2 skiver ingefærrot, hakket

salt og nykvernet pepper

15 ml/1 ss maismel (maisstivelse)

45 ml/3 ss vann

Varm oljen og stek svinekjøtt, abalone, sopp, selleri, skinke og løk i 8 minutter. Tilsett vann og vineddik, kok opp, legg på lokk og la det småkoke i 20 minutter. Tilsett soyasaus, ingefær, salt og pepper. Bland maismelet sammen til en pasta vann, rør det inn i suppen og la det småkoke i 5 minutter under omrøring til suppen klarner og tykner.

Kylling og aspargessuppe

Serverer 4

100 g kylling, strimlet

2 eggehviter

2,5 ml / ½ ts salt

30 ml/2 ss maismel (maisstivelse)

225g/8oz asparges, kuttet i 5 cm/2 biter

100 g/4 oz bønner

1,5 L/2½ pt/6 kopper kyllingkraft

100g/4oz knappsopp

Bland kyllingen med eggehvitene, salt og maismel og la stå i 30 minutter. Kok kyllingen i kokende vann i ca. 10 minutter til den er gjennomstekt, og la den renne godt av. Blancher aspargesen i kokende vann i 2 minutter og la den renne av. Blancher bønnene i 3 minutter i kokende vann og hell av. Hell kraften i en stor panne og tilsett kylling, asparges, sopp og bønner. Kok opp og smak til med salt. La småkoke i noen minutter for å utvikle smakene og til grønnsakene er myke, men fortsatt sprø.

Biffsuppe

Serverer 4

225 g/8 oz malt (kvernet) biff
15 ml/1 ss soyasaus
15 ml/1 ss risvin eller tørr sherry
15 ml/1 ss maismel (maisstivelse)
1,2 L/2 pt/5 kopper kyllingkraft
5 ml/1 ts chilisaus
salt og pepper
2 egg, pisket
6 løk (skålløk), hakket

Bland biff med soyasaus, vin eller sherry og maismel. Tilsett buljongen og kok opp, rør litt etter litt. Tilsett chilipastaen og smak til med salt og pepper, dekk til og la det småkoke i ca 10 minutter, rør av og til. Rør inn eggene og server drysset med løk.

Oksekjøtt og kinesisk bladsuppe

Serverer 4

200 g magert biff, kuttet i strimler

15 ml/1 ss soyasaus

15 ml/1 ss peanøttolje

1,5 L/2½ pt/6 kopper storfebuljong

5 ml / 1 ts salt

2,5 ml / ½ teskje sukker

½ hode kinablader, kuttet i biter

Bland kjøttet med soyasaus og olje og la det marinere i 30 minutter, rør av og til. Kok opp buljongen med salt og sukker, tilsett de kinesiske bladene og la det småkoke i ca 10 minutter til det er nesten kokt. Tilsett biff og la det småkoke i ytterligere 5 minutter.

Kålsuppe

Serverer 4

60 ml/4 ss peanøttolje

2 løk, hakket

100g/4oz magert kjøtt, kuttet i strimler

225 g/8 oz kinakål, strimlet

10 ml/2 ts sukker

1,2 L/2 pt/5 kopper kyllingkraft

45 ml/3 ss soyasaus

salt og pepper

15 ml/1 ss maismel (maisstivelse)

Varm oljen og stek løk og svinekjøtt til det er lett brunt. Tilsett kål og sukker og stek i 5 minutter. Tilsett buljong og soyasaus og smak til med salt og pepper. Kok opp, dekk til med lokk og kok på lav varme i 20 minutter. Bland maismelet med litt vann, rør inn i suppen og la det småkoke under omrøring til suppen tykner og klarner.

Krydret biffsuppe

Serverer 4

45 ml/3 ss peanøttolje

1 fedd hvitløk, knust

5 ml / 1 ts salt

225 g/8 oz malt (kvernet) biff

6 løk (skålløk), kuttet i strimler

1 rød paprika, kuttet i strimler

1 grønn paprika, kuttet i strimler

225 g/8 oz kål, strimlet

1 L/1¾ pts/4¼ kopper oksebuljong

30 ml/2 ss plommesaus

Jeg beholdt 30 ml/2 ss saus

45 ml/3 ss soyasaus

2 stilker ingefær, hakket

2 egg

5 ml/1 ts sesamolje

225 g/8 oz klare nudler, bløtlagt

Varm oljen og stek hvitløk og salt til de er lett brune. Tilsett biff og brun raskt. Tilsett grønnsakene og stek til de er gjennomsiktige. Tilsett buljong, plommesaus, hoisinsaus, 30 ml/2 en spiseskje soyasaus og ingefær, kok opp og kok i 10 minutter. Pisk eggene med sesamolje og resten av soyasausen. Tilsett suppen med nudler og kok under omrøring til det dannes strenger fra eggene og nudlene er myke.

Himmelsk suppe

Serverer 4

2 løkløk (løkløk), hakket
1 fedd hvitløk, knust
30 ml/2 ss hakket fersk persille
5 ml / 1 ts salt
15 ml/1 ss peanøttolje
30 ml/2 ss soyasaus
1,5 l / 2½ pkt / 6 kopper vann

Bland vårløk, hvitløk, persille, salt, olje og soyasaus sammen. Kok opp vannet, hell over løkløkblandingen og la stå i 3 minutter.

Kylling og bambusskuddsuppe

Serverer 4

2 kyllinglår

30 ml/2 ss peanøttolje

5 ml/1 ts risvin eller tørr sherry

1,5 L/2½ pt/6 kopper kyllingkraft

3 vårløk, i skiver

100g/4oz bambusskudd, kuttet i biter

5 ml/1 ts hakket ingefærrot

salt

Bein kyllingen og skjær kjøttet i biter. Varm oljen og stek kyllingen på alle sider. Tilsett kraft, løkløk, bambusskudd og ingefær, kok opp og la det småkoke i ca 20 minutter til kyllingen er mør. Smak til med salt før servering.

Kylling og maissuppe

Serverer 4

1 L/1¾ pts/4¼ kopper kyllingkraft

100 g kylling, hakket

200 g/7 oz avskallet søtmais

skinke i skiver, hakket

egg, pisket

15 ml/1 ss risvin eller tørr sherry

Kok opp buljongen og kyllingen, dekk til og la det småkoke i 15 minutter. Tilsett søtmais og skinke, dekk til og la det småkoke i 5 minutter. Tilsett egg og sherry, rør sakte med en spisepinne slik at eggene danner strenger. Ta av varmen, dekk til og la stå i 3 minutter før servering.

Kylling og ingefærsuppe

Serverer 4

4 tørkede kinesiske sopp
1,5 L/2½ pt/6 kopper vann eller kyllingkraft
225 g/8 oz kylling, i terninger
10 skiver ingefærrot
5 ml/1 ts risvin eller tørr sherry
salt

Bløtlegg soppen i varmt vann i 30 minutter og la den renne av. Kast stilkene. Kok opp vannet eller buljongen sammen med resten av ingrediensene og la det småkoke på svak varme i ca 20 minutter til kyllingen er gjennomstekt.

Kyllingsuppe med kinesisk sopp

Serverer 4

25 g/1 oz tørket kinesisk sopp
100 g kylling, strimlet
50g/2oz bambusskudd, hakket
30 ml/2 ss soyasaus
30 ml/2 ss risvin eller tørr sherry
1,2 L/2 pt/5 kopper kyllingkraft

Bløtlegg soppen i varmt vann i 30 minutter og la den renne av. Kast stilkene og skjær hettene i skiver. Blancher sopp, kylling og bambusskudd i kokende vann i 30 sekunder, og tøm deretter. Legg dem i en bolle og rør inn soyasaus og vin eller sherry. La marinere i 1 time. Kok opp buljongen, tilsett kyllingblandingen og marinaden. Bland godt og la det småkoke i noen minutter til kyllingen er gjennomstekt.

Kylling og rissuppe

Serverer 4

1 L/1¾ pts/4¼ kopper kyllingkraft

225 g/8 oz/1 kopp kokt langkornet ris

100g/4oz kokt kylling, kuttet i strimler

1 løk, i skiver

5 ml/1 ts soyasaus

Varm forsiktig alle ingrediensene uten å la suppen koke.

Kylling og kokossuppe

Serverer 4

350 g/12 oz kyllingbryst

salt

10 ml/2 ts maismel (maisstivelse)

30 ml/2 ss peanøttolje

1 grønn chilipepper, hakket

1 L/1¾ pts/4¼ kopper kokosmelk

5 ml/1 ts revet sitronskall

12 litchi

en klype revet muskatnøtt

salt og nykvernet pepper

2 blader av sitronmelisse

Skjær kyllingbrystet på tvers i tverrgående strimler. Dryss over salt og strøk med maismel. Varm 10 ml/2 ts olje i en wok, virvl og hell ut. Gjenta en gang til. Varm opp den gjenværende oljen og rør kyllingen og chilipepperen i 1 minutt. Tilsett kokosmelken og kok opp. Tilsett sitronskall og la det småkoke i 5 minutter. Tilsett litchien, smak til med muskat, salt og pepper og server med sitronmelisse.

Skalldyrsuppe

Serverer 4

2 tørkede kinesiske sopp
12 muslinger, bløtlagt og skrubbet
1,5 L/2½ pt/6 kopper kyllingkraft
50g/2oz bambusskudd, hakket
50 g/2 oz mangetout (snøerter), delt
2 løk (løk) kuttet i ringer.
15 ml/1 ss risvin eller tørr sherry
en klype nykvernet pepper

Bløtlegg soppen i varmt vann i 30 minutter og la den renne av. Kast stilkene og del hettene. Damp muslingene i ca. 5 minutter til de åpner seg; kast eventuelle gjenværende lukkede. Fjern muslingene fra skallene deres. Kok opp buljongen og tilsett sopp, bambusskudd, mangetout og løk. La småkoke uten lokk i 2 minutter. Tilsett muslinger, vin eller sherry og pepper og la det småkoke til de er gjennomvarme.

Eggesuppe

Serverer 4

1,2 L/2 pt/5 kopper kyllingkraft

3 egg, pisket

45 ml/3 ss soyasaus

salt og nykvernet pepper

4 løkløk (skålløk), i skiver

Kok opp buljongen. Pisk de sammenpiskede eggene gradvis slik at de skilles i tråder. Rør inn soyasaus og smak til med salt og pepper. Server pyntet med vårløk.

Krabbe og kamskjellsuppe

Serverer 4

4 tørkede kinesiske sopp
15 ml/1 ss peanøttolje
1 egg, pisket
1,5 L/2½ pt/6 kopper kyllingkraft
175 g/6 oz krabbekjøtt, i flak
100 g/4 oz skrelte kamskjell, i skiver
100g/4oz bambusskudd, i skiver
2 løk (løk), hakket
1 skive ingefærrot, hakket
noen få kokte, skrellede reker (valgfritt)
45 ml/3 ss maismel (maisstivelse)
90 ml/6 ss vann
30 ml/2 ss risvin eller tørr sherry
20 ml/4 ts soyasaus
2 eggehviter

Bløtlegg soppen i varmt vann i 30 minutter og la den renne av. Kast stilkene og skjær hettene i tynne skiver. Varm oljen, tilsett egget og vipp pannen slik at egget dekker bunnen. Kok til sett så snu og stek den andre siden. Ta ut av pannen, rull sammen og skjær i tynne strimler.

Kok opp buljongen, tilsett sopp, eggestrimler, krabbekjøtt, kamskjell, bambusskudd, løkløk, ingefær og reker hvis du bruker. Kok opp igjen. Bland maismelet med 60ml/4 ss vann, vin eller sherry og soyasaus og rør inn i suppen. La det småkoke under omrøring til suppen tykner. Pisk eggehvitene med resten av vannet og hell blandingen sakte inn i suppen mens du rører kraftig.

Krabbesuppe

Serverer 4

90 ml/6 ss peanøttolje

3 løk, hakket

225g/8oz hvitt og brunt krabbekjøtt

1 skive ingefærrot, hakket

1,2 L/2 pt/5 kopper kyllingkraft

150 ml/¼ pt/kopp risvin eller tørr sherry

45 ml/3 ss soyasaus

salt og nykvernet pepper

Varm opp oljen og stek løken til den er myk, men ikke brun. Tilsett krabbekjøttet og ingefæren og stek i 5 minutter. Tilsett buljong, vin eller sherry og soyasaus, smak til med salt og pepper. Kok opp og la det så småkoke i 5 minutter.

Fiske suppe

Serverer 4

225 g/8 oz fiskefileter

1 skive ingefærrot, hakket

15 ml/1 ss risvin eller tørr sherry

30 ml/2 ss peanøttolje

1,5 L/2½ pt/6 kopper fiskekraft

Skjær fisken mot kornet i tynne strimler. Bland ingefær, vin eller sherry og olje, tilsett fisken og bland forsiktig. La marinere i 30 minutter, snu av og til. Kok opp buljongen, tilsett fisken og la det småkoke på svak varme i 3 minutter.

Fisk og salatsuppe

Serverer 4

225 g/8 oz hvit fiskefilet

30 ml/2 ss vanlig (all-purpose) mel

salt og nykvernet pepper

90 ml/6 ss peanøttolje

6 løkløk (skålløk), i skiver

100g/4oz salat, hakket

1,2 l / 2 pkt / 5 kopper vann

10 ml/2 ts finhakket ingefærrot

150 ml / ¼ pt / sjenerøs ½ kopp risvin eller tørr sherry

30 ml/2 ss maismel (maisstivelse)

30 ml/2 ss hakket fersk persille

10 ml/2 ts sitronsaft

30 ml/2 ss soyasaus

Skjær fisken i tynne strimler og bland deretter med krydret mel. Varm opp oljen og stek løkløken til den er myk. Tilsett salaten og stek i 2 minutter. Tilsett fisken og stek i 4 minutter. Tilsett vann, ingefær og vin eller sherry, kok opp, legg på lokk og la det småkoke i 5 minutter. Bland maismelet med litt vann og rør så inn i suppen. La småkoke i ytterligere 4 minutter under omrøring til suppeaktig

rengjør, og smak til med salt og pepper. Server drysset med persille, sitronsaft og soyasaus.

Ingefærsuppe med dumplings

Serverer 4

5 cm/2 stykker ingefærrot, revet

350 g/12 oz brunt sukker

1,5 l / 2½ pts / 7 kopper vann

225 g/8 oz/2 kopper rismel

2,5 ml / ½ ts salt

60 ml/4 ss vann

Ha ingefær, sukker og vann i en panne og kok opp under omrøring. Dekk til og la det småkoke i ca 20 minutter. Sil suppen og ha tilbake i kjelen.

Ha i mellomtiden mel og salt i en bolle og bland gradvis inn nok vann til å lage en tykk deig. Rull den til små kuler og slipp dumplings i suppen. La suppen koke opp igjen, dekk til med lokk og kok i ytterligere 6 minutter til dumplingsene er kokte.

Sterk og sur suppe

Serverer 4

8 tørkede kinesiske sopp
1 L/1¾ pts/4¼ kopper kyllingkraft
100 g kylling, kuttet i strimler
100g/4oz bambusskudd, kuttet i strimler
100 g/4 oz tofu, kuttet i strimler
15 ml/1 ss soyasaus
30 ml/2 ss vineddik
30 ml/2 ss maismel (maisstivelse)
2 egg, pisket
noen dråper sesamolje

Bløtlegg soppen i varmt vann i 30 minutter og la den renne av. Kast stilkene og skjær hettene i strimler. Kok opp sopp, kraft, kylling, bambusskudd og tofu, legg på lokk og la det småkoke i 10 minutter. Bland soyasaus, vineddik og maismel til en jevn pasta, rør inn i suppen og la det småkoke i 2 minutter til suppen er gjennomsiktig. Tilsett eggene og sesamolje sakte mens du rører med en spisepinne. Dekk til og la stå i 2 minutter før servering.

Soppsuppe

Serverer 4

15 tørkede kinesiske sopp

1,5 L/2½ pt/6 kopper kyllingkraft

5 ml / 1 ts salt

Bløtlegg soppen i varmt vann i 30 minutter, sil deretter av mens du beholder væsken. Kast stilkene og del hettene i to hvis de er store og legg i en stor varmefast bolle. Sett bollen på dampstativet. Kok opp buljongen, hell den over soppen, dekk med lokk og damp i 1 time over lett kokende vann. Smak til med salt og server.

Sopp og kålsuppe

Serverer 4

25 g/1 oz tørket kinesisk sopp

15 ml/1 ss peanøttolje

50g/2oz Kinablader, hakket

15 ml/1 ss risvin eller tørr sherry

15 ml/1 ss soyasaus

1,2 L/2 pt/5 kopper kylling- eller grønnsaksbuljong

salt og nykvernet pepper

5 ml/1 ts sesamolje

Bløtlegg soppen i varmt vann i 30 minutter og la den renne av. Kast stilkene og skjær hettene i skiver. Varm oljen og stek soppen og kinabladene i 2 minutter til de er godt dekket. Rør inn vin eller sherry og soyasaus, og tilsett deretter kraften. Kok opp, smak til med salt og pepper og la det småkoke i 5 minutter. Drypp med sesamolje før servering.

Sopp- og eggedråpesuppe

Serverer 4

1 L/1¾ pts/4¼ kopper kyllingkraft
30 ml/2 ss maismel (maisstivelse)
100 g/4 oz sopp, i skiver
1 skive løk, finhakket
en klype salt
3 dråper sesamolje
2,5 ml/½ ts soyasaus
1 egg, pisket

Bland litt av buljongen med maismelet og bland deretter inn alle ingrediensene unntatt egget. Kok opp, dekk til og la det småkoke i 5 minutter. Tilsett egget, rør med en spisepinne for å danne tråder. Fjern fra varmen og la stå i 2 minutter før servering.

Sopp- og vannkastanjesuppe

Serverer 4

1 L/1¾ pts/4¼ kopper grønnsaksbuljong eller vann
2 løk, finhakket
5 ml/1 ts risvin eller tørr sherry
30 ml/2 ss soyasaus
225 g/8 oz knappsopp
100 g/4 oz vannkastanjer, i skiver
100g/4oz bambusskudd, i skiver
noen dråper sesamolje
2 salatblader, kuttet i biter
2 løkløk (skålløk), kuttet i biter

Kok opp vann, løk, vin eller sherry og soyasaus, legg på lokk og la det småkoke i 10 minutter. Tilsett sopp, vannkastanjer og bambusskudd, dekk til og la det småkoke i 5 minutter. Rør inn sesamolje, salatblader og løk, ta av varmen, dekk til og la stå i 1 minutt før servering.

Svinekjøtt og soppsuppe

Serverer 4

60 ml/4 ss peanøttolje

1 fedd hvitløk, knust

2 løk, i skiver

225 g/8 oz magert svinekjøtt, kuttet i strimler

1 stang selleri, hakket

50 g/2 oz sopp, i skiver

2 gulrøtter, i skiver

1,2 L/2 pt/5 kopper oksebuljong

15 ml/1 ss soyasaus

salt og nykvernet pepper

15 ml/1 ss maismel (maisstivelse)

Varm oljen og stek hvitløk, løk og svinekjøtt til løken er myk og litt brun. Tilsett selleri, sopp og gulrot, dekk med lokk og la det småkoke i 10 minutter. Kok opp buljongen, tilsett i kjelen med soyasausen og smak til med salt og pepper. Bland maismelet med litt vann, tilsett deretter i pannen og la det småkoke under omrøring i ca 5 minutter.

Svinekjøtt og brønnkarse suppe

Serverer 4

1,5 L/2½ pt/6 kopper kyllingkraft
100g/4oz magert kjøtt, kuttet i strimler
3 stilker selleri, skåret i skiver
2 løkløk (skålløk), i skiver
1 haug med brønnkarse
5 ml / 1 ts salt

Kok opp buljongen, tilsett svinekjøtt og selleri, legg på lokk og la det småkoke i 15 minutter. Tilsett vårløk, brønnkarse og salt og la det småkoke uten lokk i ca 4 minutter.

Svinekjøtt og agurksuppe

Serverer 4

100 g/4 oz magert svinekjøtt, i tynne skiver
5 ml/1 ts maismel (maisstivelse)
15 ml/1 ss soyasaus
15 ml/1 ss risvin eller tørr sherry
1 agurk
1,5 L/2½ pt/6 kopper kyllingkraft
5 ml / 1 ts salt

Bland sammen svinekjøtt, maismel, soyasaus og vin eller sherry. Kast svinekjøttet til belegg. Skrell og del agurken i to på langs, og fjern frøene. Skjær tykt. Kok opp buljongen, tilsett svinekjøttet, dekk med lokk og la det småkoke i 10 minutter. Rør inn agurken og la det småkoke i noen minutter til den er gjennomsiktig. Rør inn salt og tilsett eventuelt litt mer soyasaus.

Suppe med svineboller og nudler

Serverer 4

50 g/2 oz risnudler

225g/8oz kvernet svinekjøtt (kvernet).

5 ml/1 ts maismel (maisstivelse)

2,5 ml / ½ ts salt

30 ml/2 ss vann

1,5 L/2½ pt/6 kopper kyllingkraft

1 vårløk (løk), finhakket

5 ml/1 ts soyasaus

Legg nudlene i kaldt vann mens du lager kjøttbollene. Bland sammen svinekjøtt, maismel, litt salt og vann og form kuler på størrelse med valnøtt. Varm opp vannet i en kjele til det koker, legg svinebollene oppi, dekk med lokk og la det småkoke i 5 minutter. Hell godt av og renn av nudlene. Kok opp buljongen, tilsett svineboller og nudler, legg på lokk og la det småkoke i 5 minutter. Tilsett løkløk, soyasaus og resterende salt og la det småkoke i ytterligere 2 minutter.

Spinat og tofu suppe

Serverer 4

1,2 L/2 pt/5 kopper kyllingkraft

200 g/7 oz hermetiske tomater, drenert og hakket

225 g/8 oz tofu, i terninger

225 g/8 oz spinat, hakket

30 ml/2 ss soyasaus

5 ml/1 ts brunt sukker

salt og nykvernet pepper

Kok opp buljongen, tilsett tomater, tofu og spinat og bland forsiktig. Kok opp igjen og kok i 5 minutter. Tilsett soyasaus og sukker og smak til med salt og pepper. La småkoke i 1 minutt før servering.

Suppe av sukkermais og krabbe

Serverer 4

1,2 L/2 pt/5 kopper kyllingkraft
200 g/7 oz søtmais
salt og nykvernet pepper
1 egg, pisket
200 g/7 oz krabbekjøtt, i flak
3 sjalottløk, hakket

Kok opp buljongen, tilsett søtmaiskrydder med salt og pepper. La småkoke i 5 minutter. Rett før servering helles eggene gjennom en gaffel og snurres på toppen av suppen. Server drysset med krabbekjøtt og hakket sjalottløk.

Szechuan suppe

Serverer 4

4 tørkede kinesiske sopp

1,5 L/2½ pt/6 kopper kyllingkraft

75 ml/5 ss tørr hvitvin

15 ml/1 ss soyasaus

2,5 ml/½ ts chilisaus

30 ml/2 ss maismel (maisstivelse)

60 ml/4 ss vann

100g/4oz magert kjøtt, kuttet i strimler

50g/2oz kokt skinke, kuttet i strimler

1 rød paprika, kuttet i strimler

50 g/2 oz vannkastanjer, i skiver

10 ml/2 ts vineddik

5 ml/1 ts sesamolje

1 egg, pisket

100 g/4 oz skallede reker

6 løk (skålløk), hakket

175 g/6 oz tofu, i terninger

Bløtlegg soppen i varmt vann i 30 minutter og la den renne av. Kast stilkene og skjær hettene i skiver. Ta med buljong, vin, soya saus og chilisaus koker opp, dekk til og la det småkoke i 5 minutter. Bland maismelet med halvparten av vannet og rør inn i suppen, rør til suppen tykner. Tilsett sopp, svinekjøtt, skinke, pepper og vannkastanjer og la det småkoke i 5 minutter. Rør inn vineddik og sesamolje. Pisk egget med resten av vannet og ringle det inn i suppen mens du rører kraftig. Tilsett reker, løk og tofu og la det småkoke i noen minutter for å bli gjennomvarm.

Tofu suppe

Serverer 4

1,5 L/2½ pt/6 kopper kyllingkraft

225 g/8 oz tofu, i terninger

5 ml / 1 ts salt

5 ml/1 ts soyasaus

Kok opp buljongen og tilsett tofu, salt og soyasaus. La det småkoke i noen minutter til tofuen er gjennomvarmet.

Tofu og fiskesuppe

Serverer 4

225 g/8 oz hvit fiskefilet, kuttet i strimler

150 ml / ¼ pt / sjenerøs ½ kopp risvin eller tørr sherry

10 ml/2 ts finhakket ingefærrot

45 ml/3 ss soyasaus

2,5 ml / ½ ts salt

60 ml/4 ss peanøttolje

2 løk, hakket

100 g/4 oz sopp, i skiver

1,2 L/2 pt/5 kopper kyllingkraft

100 g/4 oz tofu, i terninger

salt og nykvernet pepper

Legg fisken i en bolle. Bland sammen vin eller sherry, ingefær, soyasaus og salt og hell over fisken. La marinere i 30 minutter. Varm oljen og stek løken i 2 minutter. Tilsett soppen og fortsett å steke til løken er myk, men ikke brunet. Tilsett fisken og marinaden, kok opp, dekk til og la det småkoke i 5 minutter. Tilsett kraften, kok opp igjen, dekk til og la det småkoke i 15 minutter. Tilsett tofuen og smak til med salt og pepper. La det småkoke til tofuen er kokt.

Tomatsuppe

Serverer 4

400 g/14 oz hermetiske tomater, drenert og hakket
1,2 L/2 pt/5 kopper kyllingkraft
1 skive ingefærrot, hakket
15 ml/1 ss soyasaus
15 ml/1 ss chilisaus
10 ml/2 ts sukker

Ha alle ingrediensene i en panne og kok sakte opp, rør av og til. La småkoke i ca 10 minutter før servering.

Tomat og spinatsuppe

Serverer 4

1,2 L/2 pt/5 kopper kyllingkraft

225 g/8 oz hermetiske terninger tomater

225 g/8 oz tofu, i terninger

225 g/8 oz spinat

30 ml/2 ss soyasaus

salt og nykvernet pepper

2,5 ml / ½ teskje sukker

2,5 ml/½ ts risvin eller tørr sherry

Kok opp buljongen, tilsett tomater, tofu og spinat og la det småkoke i 2 minutter. Tilsett resten av ingrediensene og la det småkoke i 2 minutter, bland deretter godt og server.

Kålrotsuppe

Serverer 4

1 L/1¾ pts/4¼ kopper kyllingkraft
1 stor kålrot, i tynne skiver
200 g/7 oz magert svinekjøtt, i tynne skiver
15 ml/1 ss soyasaus
60 ml/4 ss konjakk
salt og nykvernet pepper
4 sjalottløk, finhakket

Kok opp buljongen, tilsett kålrot og svinekjøtt, lokk med lokk og la det småkoke i 20 minutter til kålroten er myk og kjøttet er gjennomstekt. Rør inn soyasaus og konjakk etter smak. La småkoke til servering varm, drysset med sjalottløk.

Grønnsakssuppe

Serverer 4

6 tørkede kinesiske sopp
1 L/1¾ pts/4¼ kopper grønnsaksbuljong
50g/2oz bambusskudd, kuttet i strimler
50 g/2 oz vannkastanjer, i skiver
8 mangetout (snøerter), i skiver
5 ml/1 ts soyasaus

Bløtlegg soppen i varmt vann i 30 minutter og la den renne av. Kast stilkene og skjær hettene i strimler. Tilsett dem i buljongen sammen med bambusskuddene og vannkastanjene og kok opp, dekk til og la det småkoke i 10 minutter. Tilsett mangetout og soyasaus, dekk til og la det småkoke i 2 minutter. La stå i 2 minutter før servering.

Vegetarsuppe

Serverer 4

¼ *hvitkål*
2 *gulrøtter*
3 *stilker selleri*
2 *vårløk (løk)*
30 *ml/2 ss peanøttolje*
1,5 *l / 2½ pkt / 6 kopper vann*
15 *ml/1 ss soyasaus*
15 *ml/1 ss risvin eller tørr sherry*
5 *ml / 1 ts salt*
nykvernet pepper

Skjær grønnsakene i strimler. Varm oljen og stek grønnsakene i 2 minutter til de begynner å bli myke. Tilsett de resterende ingrediensene, kok opp, dekk til og la det småkoke i 15 minutter.

Brønnkarse suppe

Serverer 4

1 L/1¾ pts/4¼ kopper kyllingkraft
1 løk, finhakket
1 stang selleri, finhakket
225 g/8 oz brønnkarse, grovhakket
salt og nykvernet pepper

Kok opp buljong, løk og selleri, dekk med lokk og la det småkoke i 15 minutter. Tilsett brønnkarse, dekk til og la det småkoke i 5 minutter. Smak til med salt og pepper.

Stekt fisk med grønnsaker

Serverer 4

4 tørkede kinesiske sopp
4 hele fisk, renset og skrellet
olje til steking
30 ml/2 ss maismel (maisstivelse)
45 ml/3 ss peanøttolje
100g/4oz bambusskudd, kuttet i strimler
50 g/2 oz vannkastanjer, kuttet i strimler
50 g/2 oz kinakål, strimlet
2 skiver ingefærrot, hakket
30 ml/2 ss risvin eller tørr sherry
30 ml/2 ss vann
15 ml/1 ss soyasaus
5 ml/1 ts sukker
120 ml/4 fl oz/¬Ω kopp fiskekraft
salt og nykvernet pepper
¬Ω salat, hakket
15 ml/1 ss hakket flatbladpersille

Bløtlegg soppen i varmt vann i 30 minutter og la den renne av. Kast stilkene og skjær hettene i skiver. Støv fisken i to maismel og rist av overflødig. Varm oljen og stek fisken i ca 12 minutter til den er gjennomstekt. Hell av på tørkepapir og hold varmt.

Varm olje og stek sopp, bambusskudd, vannkastanjer og kål i 3 minutter. Tilsett ingefær, vin eller sherry, 15 ml/1 ss vann, soyasaus og sukker og stek i 1 minutt. Tilsett buljong, salt og pepper, kok opp, legg på lokk og la det småkoke i 3 minutter. Bland maismelet med det resterende vannet, tilsett i kjelen og la det småkoke under omrøring til sausen tykner. Legg salaten på et serveringsfat og legg fisken oppå. Hell over grønnsakene og sausen og server pyntet med persille.

Bakt hel fisk

Serverer 4

1 stor abbor eller lignende fisk

45 ml/3 ss maismel (maisstivelse)

45 ml/3 ss peanøttolje

1 løk, hakket

2 fedd hvitløk, knust

50 g skinke, kuttet i strimler

100 g/4 oz skallede reker

15 ml/1 ss soyasaus

15 ml/1 ss risvin eller tørr sherry

5 ml/1 ts sukker

5 ml / 1 ts salt

Dekk fisken med maismel. Varm oljen og stek løk og hvitløk til de er lett brune. Tilsett fisken og stek til den er gyldenbrun på begge sider. Legg fisken på et folieark i stekeformen og topp med skinke og reker. Tilsett soyasaus, vin eller sherry, sukker og salt i pannen og bland godt. Hell over fisken, dekk til med folie og stek i en forvarmet ovn ved 150¬∞C/300¬∞F/gassmark 2 i 20 minutter.

Stuet soyafisk

Serverer 4

1 stor abbor eller lignende fisk

salt

50 g/2 oz/½ kopp vanlig (all-purpose) mel

60 ml/4 ss peanøttolje

3 skiver ingefærrot, hakket

3 løkløk (løkløk), hakket

250 ml/8 fl oz/1 kopp vann

45 ml/3 ss soyasaus

15 ml/1 ss risvin eller tørr sherry

2,5 ml/½ teskje sukker

Rens fisken og skrell den diagonalt fra begge sider. Dryss over salt og la stå i 10 minutter. Varm oljen og stek fisken brun på begge sider, snu en gang og pensle med olje under stekingen. Tilsett ingefær, vårløk, vann, soyasaus, vin eller sherry og sukker, kok opp, legg på lokk og la det småkoke i 20 minutter til fisken er kokt. Serveres varm eller kald.

Soyafisk med østerssaus

Serverer 4

1 stor abbor eller lignende fisk

salt

60 ml/4 ss peanøttolje

3 løkløk (løkløk), hakket

2 skiver ingefærrot, hakket

1 fedd hvitløk, knust

45 ml/3 ss østerssaus

30 ml/2 ss soyasaus

5 ml/1 ts sukker

250 ml/8 fl oz/1 kopp fiskekraft

Rens fisken, skrell og skjær diagonalt noen ganger på begge sider. Dryss over salt og la stå i 10 minutter. Varm det meste av oljen og stek fisken til den er brun på begge sider, snu en gang. Varm samtidig opp resten av oljen i en egen panne og stek løken, ingefæren og hvitløken til den er lett brun. Tilsett østerssaus, soyasaus og sukker og stek i 1 minutt. Tilsett kraft og kok opp. Hell blandingen over den brunede fisken, kok opp, dekk med lokk og la det småkoke i ca

15 minutter til fisken er stekt, snu en eller to ganger under tilberedningen.

Dampet bass

Serverer 4

1 stor abbor eller lignende fisk

2,25 l / 4 poeng / 10 kopper vann

3 skiver ingefærrot, hakket

15 ml / 1 ss salt

15 ml/1 ss risvin eller tørr sherry

30 ml/2 ss peanøttolje

Rens fisken, skrell og skjær begge sider flere ganger diagonalt. Kok opp vannet i en stor panne og tilsett resten av ingrediensene. Legg fisken i vannet, dekk godt til, slå av varmen og la stå i 30 minutter til fisken er ferdigstekt.

Stuet fisk med sopp

Serverer 4

4 tørkede kinesiske sopp

1 stor karpe eller lignende fisk

salt

45 ml/3 ss peanøttolje

2 løkløk (løkløk), hakket

1 skive ingefærrot, hakket

3 fedd hvitløk, knust

100g/4oz bambusskudd, kuttet i strimler

250 ml/8 fl oz/1 kopp fiskekraft

30 ml/2 ss soyasaus

15 ml/1 ss risvin eller tørr sherry

2,5 ml/¬Ω teskje sukker

Bløtlegg soppen i varmt vann i 30 minutter og la den renne av. Kast stilkene og skjær hettene i skiver. Skjær fisken et par ganger diagonalt på begge sider, dryss over salt og la stå i 10 minutter. Varm oljen og stek fisken til den er lett brun på begge sider. Tilsett vårløk, ingefær og hvitløk og stek i 2 minutter. Tilsett resten av ingrediensene, kok opp, dekk til og la det småkoke i 15 minutter til fisken er kokt, snu en eller to ganger og rør av og til.

Søt og sur fisk

Serverer 4

1 stor abbor eller lignende fisk

1 egg, pisket

50 g maismel (maisstivelse)

olje til steking

Til sausen:

15 ml/1 ss peanøttolje

1 grønn paprika, kuttet i strimler

100 g/4 oz hermetiske ananasbiter i sirup

1 løk, i skiver

100 g/4 oz/¬Ω kopp brunt sukker

60 ml/4 ss kyllingkraft

60 ml/4 ss vineddik

15 ml/1 ss tomatpuré (pasta)

15 ml/1 ss maismel (maisstivelse)

15 ml/1 ss soyasaus

3 løk (løk), hakket

Rens fisken og fjern finnene og hodet om ønskelig. Pensle den med sammenvispet egg og deretter med maismel. Varm oljen og stek fisken til den er gjennomstekt. Tøm godt og hold varmt.

For å tilberede sausen, varm oljen og stek pepper, avrent ananas og løk i 4 minutter. Tilsett 30 ml/2 ss ananassirup, sukker, buljong, vineddik, tomatpuré, maismel og soyasaus og kok opp under omrøring. La det småkoke under omrøring til sausen klarner og tykner. Hell over fisken og server drysset med løk.

Fisk fylt med svinekjøtt

Serverer 4

1 stor karpe eller lignende fisk

salt

100 g/4 oz hakket svinekjøtt (kvernet).

1 løk (løk), hakket

4 skiver ingefærrot, hakket

15 ml/1 ss maismel (maisstivelse)

60 ml/4 ss soyasaus

15 ml/1 ss risvin eller tørr sherry

5 ml/1 ts sukker

75 ml/5 ss peanøttolje

2 fedd hvitløk, knust

1 løk, i skiver

300 ml/¬Ω pt/1¬° kopp vann

Rens og skinn fisken og dryss over salt. Bland svinekjøtt, løkløk, litt ingefær, maismel, 15ml/1 ss soyasaus, vin eller sherry og sukker og bruk til å stappe fisken. Varm oljen og stek fisken til den er lett brun på begge sider, ta den deretter ut av pannen og tøm det meste av oljen. Tilsett hvitløk og resterende ingefær og stek til den er lett brun.

Tilsett den resterende soyasausen og vannet, kok opp og la det småkoke i 2 minutter. Ha fisken tilbake i pannen, legg på lokk og la den småkoke i ca 30 minutter til fisken er kokt, snu en eller to ganger.

Stuet krydret karpe

Serverer 4

1 stor karpe eller lignende fisk

150 ml/¬° pt/type ¬Ω kopp peanøttolje

15 ml/1 ss sukker

2 fedd hvitløk, finhakket

100g/4oz bambusskudd, i skiver

150 ml/¬° pt/slag ¬Ω kopp fiskekraft

15 ml/1 ss risvin eller tørr sherry

15 ml/1 ss soyasaus

2 løk (løk), hakket

1 skive ingefærrot, hakket

15 ml/1 ss vineddiksalt

Rens og skrell fisken og bløtlegg i kaldt vann i flere timer. Tørk av og tørk, skjær deretter flere kutt på begge sider. Varm oljen og stek fisken til den er stiv på begge sider. Fjern fra pannen og tøm, ta vare på 30 ml/2 ss olje. Tilsett sukkeret i kjelen og rør til det blir mørkere. Tilsett hvitløk og bambusskudd og bland godt. Tilsett resten av ingrediensene, kok opp, ha fisken tilbake i pannen, legg på lokk og la det småkoke på svak varme i ca 15 minutter, til fisken er gjennomstekt.

Ha fisken over på et oppvarmet serveringsfat og hell sausen over.

www.ingramcontent.com/pod-product-compliance
Lightning Source LLC
Chambersburg PA
CBHW070423120526
44590CB00014B/1509